El narrador pícaro:
Guzmán de Alfarache

Carlos Antonio Rodríguez Matos

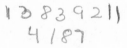

Madison, 1985

ISBN 0-942260-51-1

Quiero expresar mi agradecimiento al Seton Hall University Research Council por su ayuda económica, a Peter Ahr por su asistencia en la preparación del manuscrito, a Benito Brancaforte, Hortensia Morell, Judith Whitenack y Alberto Sandoval por sus observaciones y sugerencias y a Lloyd A. Kasten y John Nitti por haber hecho posible la publicación de este estudio.

Índice General

Introducción   1

Cap. I   El galeote y el escritor   11

  1. La narración oral   11
    A. El viaje y la narración oral   12
      1. El "curioso forzado"   13
      2. Arrieros y clérigos   15
      3. El "hermano Andrés"   16
      4. Sayavedra   18
      5. "Engolfar"   19
  2. La escritura   21
    A. Vida vivida - vida escrita   21
    B. El viaje y la narración escrita   25
    C. Los libros   30
  Notas   34

Cap. II   El tratante y el escritor   37

  1. El "libro de memorias"   37
    A. Contar   41
    B. "Hacer la cuenta"   42
    C. Las cuentas de Dios   50
    D. Los borrones de la murmuración   53
    E. La atalaya-tienda   60
  Notas   67

Cap. III   El gracioso y el escritor   71

  1. La poética de los afectos   71
  2. La escuela del gracioso   74
  3. Comprar los corazones   79
  4. El deseo del galeote escritor   84

Notas   92

Cap. IV   El narrador y el ladrón   97

   1. Hijo de ninguno, hijo de ladrón   97
   2. Las partes del discurso narrativo   103
     A. Resumen   104
     B. Orientación   104
     C. Complicación y evaluación   106
     D. Punto culminante   114
     E. Desenlace   116
     F. Coda   119
   Notas   120

Conclusión   125

Bibliografía selecta   127

Introducción

La lectura tradicional del *Guzmán de Alfarache* de Mateo Alemán como obra didáctico-moral afín a las ideas contrarreformistas ha sido rechazada en varios estudios que ponen al descubierto una contradicción fundamental y reveladora entre las intenciones que el narrador dice tener y el discurso narrativo resultante. La falta de arrepentimiento, la perversidad y el proceso de degradación del narrador-protagonista señalados por los críticos denuncian la ausencia de sinceridad, requisito esencial al acto lingüístico de la confesión que alega llevar a cabo.[1]

En este sentido, la historia del Pícaro podría compartir los adjetivos de "fabulosa" y "poética" con que Alemán califica su obra.[2] Sólo que el concepto de ficción, aplicable al libro de Alemán, adquiere repercusiones morales al calificar la autobiografía de Guzmán. La vida de Guzmán de Alfarache escrita por Alemán es una ficción literaria; la vida de Guzmán escrita por él mismo es una picardía. El presente estudio es una lectura del discurso narrativo pícaro del "famosísimo" ladrón Guzmán de Alfarache escrito por él mismo en las galeras, según advierte Alemán (I, 89).

Si la narración es una picardía, o sea, un acto propio de un pícaro, el narrador es, necesariamente, un pícaro. En cierto modo, la historia narrada muestra al protagonista pasando por todos los "grados de pícaro".[3] Hablando en sentido estricto, Guzmán practicó "el oficio de la florida picardía" (I, 263) dos veces en Madrid (I, 263-66 y 320-22). Para poder saborear "el almíbar picaresco" (I, 265), esto es, la existencia desocupada, libre de las cargas sociales, sobre todo el honor, aprendió a conseguir la comida sin trabajar, a jugar a los naipes y a robar. El oficio de esportillero le servía para disimular ante la ley. Esta vida de pícaro tuvo dos consecuencias importantes para su futuro, perdió la vergüenza (I, 263-4) y se le sutilizó el ingenio (I,

265). El desenfado sustituye la honra que le fue negada desde antes de nacer, en contra de la cual hace una larga digresión (I, 266-86). El ingenio sutil y agudo entendimiento se convierten en su caudal (I, 265). Con el tiempo, desvergüenza e ingenio producirán la narración de su vida.

Guzmán dura poco tiempo en la compañía de esos marginados sociales, a los que "cualquier bajeza les entalla y se hizo a su medida, como a escoria de los hombres" (I, 320). Mas no deja de ser pícaro. De hecho, sugiere indirectamente que la picardía moral no es privativa de estos pícaros. Aunque las "bajezas" se hicieron para ellos, también las cometen "los que se estiman en algo" (I, 320), los nobles, los poderosos y hasta los religiosos. Libre de la circunstancia socio-económica, el actuar pícaro se define como "hacer de las infamias bizarría y de las bajezas honra" (I, 321), que es exactamente lo que hace el narrador, quien llama a su narración "alarde público" (II, 38). Este comportamiento pícaro del narrador no es raro, pues según observa desde su "atalaya" narrativa, "no hay estado más dilatado que el de los pícaros, porque todos dan en serlo y se precian dello" (I, 321).[4]

Aunque el estado de los pícaros sea tan dilatado que incluya a toda criatura, según sugieren frecuentes juicios tales como "Todos y cada uno por sus fines quieren usar del engaño" (II, 121), el pícaro se ve forzado a participar en una especie de carnaval en el que la bizarría del alarde requiere la prudencia del disimulo. Los diversos oficios del protagonista son los disfraces, los hábitos, que se van haciendo más sofisticados según Guzmán asciende por todos los "grados de pícaro". A la vez, le sirven al narrador para igualar como la muerte a todos los hombres en términos morales. La ventaja será de quien logre confeccionarse el mejor disfraz. Guzmán recibe su primera lección al respecto en Toledo, a donde escapa tras robar al especiero las monedas que le cargaba (I, 323-4). Vestido de galán, se pasea por la ciudad "para que todos me vieran, pero que no me conocieran" (I, 322). Una supuesta dama a la que ronda reconoce su inexperiencia y lo engaña. Burlador burlado, se traga el enojo hartándose de "pasteles, pícaros como yo" (I, 336).[5] De los tres pícaros, la mujer en hábito de dama pudo salirse con el engaño. Con los mendigos de Roma, Guzmán perfecciona el arte del disimulo. Pronto se convierte en paje del Cardenal, donde aprende "algunas lenguas" (II, 49; I, 445-6) y, sobre todo, aprende a hacer "para mejor disimular, del vicio gracia" (I, 441). Cada nuevo oficio añade algo a su desvergüenza, ingenio y capacidad de engañar. La frase con que enjuicia el nuevo oficio de paje es válida para enjuiciar los demás: "Fue mucho salto a paje, de pícaro—aunque son en cierta manera correlativos y convertibles, que sólo el hábito los diferencia—" (I, 424-5). El último salto es de ladrón-galeote a narrador.

En su oficio de narrador, Guzmán se comporta como siempre. Por ejemplo, el amor al ocio que lo lleva a profesar la picardía se manifiesta en varias ocasiones relacionadas con el oficio de narrador. En la galera dedica el tiempo ocioso que le brinda su situación de "privado" del cómitre primero y luego del pariente del capitán a contarles "historias y cuentos de gusto" (II, 45) y "cuentos donosos" (II, 468).[6] Finalmente, "aprovechándose del tiempo ocioso de la galera" (I, 89), escribe su vida. En este sentido, al libro del galeote se le pueden aplicar las palabras de Alonso de Barros respecto al protagonista: "hijo del ocio" (I, 90).

El ocio, todos sabemos, es padre del vicio, que a su vez nace de un "deseo de libertad" (II, 40). El deseo de libertad moral y social lleva a Guzmán a convertirse en pícaro en las calles madrileñas. El deseo de libertad física lleva al galeote a escribir su biografía, ayudado por el hábito de predicador. Es muy de pícaros fingir santidad y ostentar religiosidad mediante atavíos tales como el rosario. Lo usaron su padre el "levantisco" (I, 107), la toledana (I, 337), Guzmán pícaro en Madrid (I, 271-2) y Guzmán jugador en Bolonia (II, 183). Como narrador, Guzmán emplea las digresiones. De este modo, se coloca, en la Atalaya, por encima de la moral y se aproxima a la libertad física que tanto desea.

En nuestra lectura veremos al narrador utilizar otros hábitos del protagonista, tales como el de galeote, mercader, gracioso y ladrón. Por el momento queremos comentar uno de ellos, el de siervo. El amo en este caso es el narratario.[7] Al inicio de la segunda parte, Guzmán se ofrece a servirle en el camino de la narración: "si en esta jornada gustas que te sirva yendo en tu compañía" (II, 35). Aunque promete hacerle fácil el camino, advierte que no podrá evitar reprenderlo con digresiones. Esta actitud aparentemente inofensiva se revela como agresiva e irracional cuando el narrador se compara con el loco que arroja piedras al azar (II, 35). El amo, como siempre, termina siendo víctima del mozo pícaro. Según el esportillero despoja al especiero de las monedas que le cargaba, el narrador despoja al narratario de la honra mediante el apedreamiento. Veremos en nuestro segundo capítulo que en esto Guzmán procede como el murmurador, el cual "se sustenta de la honra de su conocido, quitándole y desquitándole della cuanto puede, porque le parece que, si no la hurta de otros, no tiene de dónde haberlo para sí" (II, 234). El "conocido" del narrador, el narratario, incluye a "todos", pues Guzmán no deja oficio ni condición que no ataque. El amo-víctima del narrador pícaro es la humanidad. Para atacarla, se escuda en la "atalaya de la vida humana".

Ataque y escudo, bizarría y disimulo, revelación y velo se dan simultáneamente y constituyen la narración pícara del galeote.[8] La picardía no surge de uno de los dos elementos, sino de la relación entre ambos, del juego entre la realidad y la apariencia que dicha relación propicia. Utilizamos los términos "escritura" y "contra-escritura" para referirnos a estos dos elementos o aspectos del libro del Pícaro.[9] Los tomamos de uno de los códigos semánticos que Guzmán emplea para "contraescribir", el de mercader. Guzmán aprende el negocio de las contraescrituras en Madrid, donde aprendiera el "oficio de la florida picardía". Disfrazado de mercader, es el ladrón de siempre, "mas con mucha honra y mejor nombre" (II, 334). Aprende a legalizar el hurto mediante contraescrituras, documentos que anulan el compromiso de compraventa o escritura, "confesando que aquello fue fingido" (II, 331). La consecuencia de estos tratos es que se hace imposible "averiguar la verdad..., porque todo anda ... marañado" (II, 335). La contraescritura le sirve a "quien trata el engaño ... para tomarle a la verdad los pasos y puertos, de manera que nunca se averigüe" (II, 335). Recordemos al cauteloso narrador al principio de su narración apresurándose a "cerrar un portillo" (I, 99).

Como narrador, el Pícaro emplea diversos modos de contraescritura, los cuales tienen el efecto de "enmarañar" la verdad de lo narrado. Por ejemplo, la autenticidad de la conversión narrada al final de la segunda parte se "enmaraña" por: 1) un salto brusco en el tono narrativo, cuando de la creciente "buena suerte" comprobada por los hechos narrados, se procede a "las desventuras", con las que comienza a "ver la luz" (II, 461),[10] y 2) el empleo abundante del código semántico mercantil para hablar de "la gracia divina" (II, 461-3). El código mercantil se emplea también en la contraescritura del discurso sobre el amor (II, 391), en el episodio del enamoramiento con Gracia (II, 381-86) y del enamoramiento de sus padres (I, 122-25). Incluso cualifica el acto narrativo y el arte retórica: el mercader, lo mismo que el narrador y el orador, cuenta y trata. La religión, el amor y el acto lingüístico de narrar son "negocios", en las acepciones retórica de "asunto" y comercial de "trato". Otros códigos semánticos empleados por el narrador, además del mercantil y el de la Retórica, son el del galeote y el del gracioso, según veremos en los próximos capítulos.

La técnica de escritura y contraescritura se emplea también a nivel de la sintaxis gramatical, como muestran los siguientes enunciados del narrador en referencia al acto lingüístico autobiográfico y al libro resultante:

e   El deseo que tenía—curioso lector—de contarte mi vida,
c   me daba tanta priesa por engolfarte en ella (I, 99).

e   Digo—si quieres oírlo—que aquesta confesión general que hago,
c   este alarde público que de mis cosas te represento (II, 238).

e   habiéndolo intitulado *Atalaya de la vida humana*,
c   dieron en llamarle *Pícaro* (II, 104).

La frase correspondiente a la escritura, marcada "e", expresa el deseo del galeote de contar su vida a modo de confesión general para beneficio de la humanidad. La neutralidad del acto lingüístico autobiográfico se va perdiendo a favor de una intención moralizante más propia de las vidas ejemplares de santos y penitentes. La contraescritura, marcada con "c", contradice dichas neutralidad y buenas intenciones. El galeote narrador tiene prisa por "engolfar" al narratario en su vida; esto es, adentrarlo en la narración, pero también convertirlo en golfo o pícaro ladrón. La solemnidad de la confesión general se deshace ante la ostentación del alarde público. En la atalaya se esconde un Pícaro.

Al releer el libro, incluso las frases que en general corresponden a la escritura contienen su contraescritura. La doble acepción de "contar" posibilita que la narración se convierta en una especie de operación matemática de mohatrero. La confesión es "general", porque Guzmán no sólo descubre sus faltas, sino las ajenas (I, 101). La atalaya no es un púlpito, sino un cúmulo de piedras con las que el Pícaro le hace la guerra a la humanidad, restándole honra, picarizándola o, como él dice, engolfándola.[11]

En la "Declaración para el entendimiento deste libro", Mateo Alemán advierte al lector que no le debe asombrar el hecho de que "nuestro pícaro" (I, 88), el galeote Guzmán escriba alguna doctrina en su libro. Todo lo contrario, obedece la ley de verosimilitud, según la caracterización del narrador como "un hombre de claro entendimiento, ayudado de letras y castigado del tiempo" (I, 89). Es una picardía común en los de su clase, como sugiere la referencia a "muchos ignorantes justiciados", que dedican el tiempo ocioso de la galera a "estudiar un sermoncito para en la escalera", en vez de preocuparse por salvar el alma (I, 89). La *Atalaya* del sabio y experimentado galeote es comparable al "sermoncito" de los "ignorantes justiciados". Los dos son un alarde de ingenio. La diferencia estriba en que el ingenio de Guzmán, Pícaro con mayúscula, es superior. Su "claro entendimiento" recibió la ayuda de las letras (latín, retórica, griego, teología, novelas) y de la experiencia (pícaro de Corte, de cocina, mendigo, paje, gracioso, rufián, mohatrero, administrador, ladrón, galeote). De todo ello se sirve para componer su libro.

El presente trabajo se divide en capítulos de acuerdo a los oficios que le sirven a Guzmán como punto de referencia para escribir su "vida". En el capítulo I se intenta explicar cómo la galera desde la que escribe propicia el empleo del antiguo topos de la nave-libro y del viaje-narración. Igualmente opera una serie de juegos que delatan su entidad de libro. Todo esto sirve para precaver al lector con respecto al narrador y su acto narrativo.

En el capítulo II vemos cómo el lenguage narrativo derivado del oficio de tratante propicia la contraescritura. Mediante el uso del código semántico mercantil y de operaciones como "dar cuenta" y "hacer la cuenta" se establece un paralelo entre la autobiografía del galeote y el "libro de memorias" del mohatrero.

En el capítulo III mostramos cómo Guzmán deriva algunas de sus técnicas narrativas de sus oficios de mendigo y gracioso. Como estudiante de retórica que fue, conoce el término apropiado: la "moción de los afectos". Recordando que nuestro escritor es un galeote y que desea intensamente obtener la libertad, con la cual deberá regresar a la sociedad integrada por lectores potenciales de su libro, observaremos cómo utiliza la "moción de los afectos" precisamente para el *logro* de la libertad y la aceptación por parte de la sociedad.

El capítulo IV examina la estructura general de la narración, encaminada al autoengrandecimiento o a la "invención" del "ladrón famosísimo". En esto consiste el "alarde público", que le sirve para crearse una identidad que lo proclame hijo ligítimo del levantisco cuya historia repite magnificada en la suya propia, poniendo en duda las murmuraciones que lo llaman "mal nacido y hijo de ninguno" (I, 136). Si es cierto que "la sangre se hereda", los hechos que narra—sus robos, sus conversiones, su librarse de la horca, etc.—lo ahijan al "levantisco".[12]

Notas

[1] Joan Arias, *Guzmán de Alfarache: The Unrepentant Narrator* (Londres: Támesis, 1977). Benito Brancaforte, *Guzmán de Alfarache: Conversión o proceso de degradación?* (Madison: Hispanic Seminary of Medieval Studies, 1980; en adelante, nos referiremos a este libro como *Degradación),* Hilary S. D. Smith, "The Pícaro Turns Preacher: Guzmán de Alfarache's Missed Vocation", *Forum for Modern Language Studies,* 14 (1978), pp. 387-397, Judith Whitenack, "The Destruction of Confession in *Guzmán de Alfarache",* *Revista de Estudios Hispánicos,* 8 (1984), pp. 221-239.

[2] En su "Declaración para el entendimiento deste libro", Alemán llama a su narración "poética historia". En el proemio al "Letor" de la segunda parte, se refiere al tipo de narración que tanto él como su enemigo Martí escriben como "historias fabulosas". Ver Mateo Alemán, *Guzmán de Alfarache,* 2 tomos, edición de Benito Brancaforte, Madrid: Cátedra, 1979, I, p. 88 y II, p. 21. En adelante, consignaremos la página en el texto precedida por el tomo. Recomendamos la lectura de la defensa que Benito Brancaforte hace de su edición: "Sobre críticos y hombres: Réplica a Francisco Rico" (Madison: Hispanic Seminary of Medieval Studies, 1984).

[3] Tomamos esta expresión de "La ilustre fregona". Carriazo pasa por "todos los grados de pícaro y aprende la picaresca tan bien que pudiera leer cátedra en la facultad al famoso de Alfarache". (Miguel de Cervantes, "La ilustre fregona", en *La novela picaresca española,* I, edición de Angel Valbuena Prat, Madrid: Aguilar, 1978, p. 181). En realidad, los pícaros de Cervantes no pasan de la escuela callejera de Madrid y Roma. No alcanzan el grado de picardía moral e intelectual de Guzmán.

[4] Compárese con la expresión del narrador en "La ilustre fregona": "toda la caterva innumerable que se encierra debajo deste nombre *pícaro!",* *La novela picaresca,* I, p. 181. Esta caterva cervantina se restringe al grupo socio-económico de los desposeídos. Carriazo y Avendaño abandonan sus ilustres familias para meterse a pícaros.

[5] Estos pasteles pícaros tienen su equivalente en los "de a cuatro" del *Buscón,* para cuyo relleno los pasteleros usan carne de ahorcados. Ver Francisco de Quevedo, *Obras completas: Prosa,* Madrid: Aguilar, 1961, pp. 306 y 317. Un grado menos sofisticado de comidas pícaras se da en la tortilla de huevos con que Guzmán es iniciado en el peregrinaje de la picardía (I, 148).

[6] Del mismo modo que el pícaro en Madrid tenía que llevar cargos para disimular su vagabundería (I, 265), el galeote iba "aguantando el remo" (II, 458) para disimular un poco su situación de favorito.

[7] El término "narratario" lo tomamos de Gerald Prince, "Notes Toward a

Categorization of Fictional 'Narratees'", *Genre*, 4 (1971), 100-105 e "Introduction a l'étude du narrataire", *Poétique*, 4 (1973), 178-96. Véase también Mary Ann Piwowarczyk, "The Narratee and the Situation of Enunciation: A Reconsideration of Prince's Theory", *Genre*, 9 (1976), 161-77. El narratario es el "lector ficticio" a quien el narrador se dirige y no debe confundirse con el "lector real". En el *Guzmán*, es el "curioso lector" en todas sus transformaciones.

[8]Benito Brancaforte estudia varias técnicas de este modo pícaro de narrar. Una es la inversión, que consiste en la "contradicción entre procedimientos teóricos y acontecimientos novelísticos" (*Degradación*, 17). Otra es la "doble inversión, en que el protagonista-narrador da un juicio, pero más adelante lo niega" (*Degradación*, 20). Gonzalo Díaz Migoyo, en su *Estructura de la novela: Anatomía de El Buscón* (Madrid: Fundamentos, 1978, p. 160), concluye que la narración de Quevedo es "un relato pícaro", mientras que el *Lazarillo* y el *Guzmán* son "relatos de picardía". Creemos que el estudio de Brancaforte, así como los otros citados en la nota 1 de esta introducción comprueban que la vida de Guzmán, tal vez más que ninguna otra vida de pícaros, está narrada *pícaramente*, y que la narración en sí constituye una picardía.

[9]A nivel del lector real se debe producir un proceso de lectura y contralectura sugerido por Alemán en el proemio al "discreto lector": "Mucho te digo que deseo decirte, y mucho dejé de escribir, que te escribo. Haz como leas lo que leyeres" (I, 186).

[10]Ver la nota 87 (II, 461).

[11]Brancaforte estudia esta actitud resentida del narrador en su libro *Degradación*, pp. 40-45.

[12]Nunca sabemos el verdadero nombre de Guzmán de Alfarache, ni tampoco conocemos el del marido de su madre Marcela, al cual elige como padre engendrador. Guzmán siempre se refiere a él como el "levantisco", que además de "arribista, levantino, judío y ladrón" (I, 105, n. 37), connota "afeminado". La escritura contiene la contraescritura. Al afirmar que el "levantisco" es su padre lo está negando.

Capítulo I: El galeote y el escritor

"Ya tengo los pies en la barca"

"El mismo escribe su vida" (I, 89), nos advierte Mateo Alemán. Efectivamente, a través del libro nos guía un escritor y narrador muy consciente de su oficio. Habrá momentos en que nos dejará escuchar su voz y otros en que nos mostrará la tinta y el papel: Guzmán de Alfarache tiene sus ideas definidas respecto a los que cuentan algo oralmente o por escrito. Esas ideas sobre otros narradores y escritores, sobre otras narraciones y libros, son aplicables por semejanza a Guzmán escritor y su "vida". Presentan la clave para la contraescritura.

1. La narración oral

La relación que desde la primera frase del discurso establece Guzmán con su lector potencial—al narratario—adquiere a veces carácter oral.[1] Esta calidad oral en un libro sin duda resultaría "natural" en la época, ya que entonces era común la lectura en voz alta. En una ocasión en que el narrador imagina en su auditorio a "la señora doña Fulana cansada y durmiéndose" por causa de las digresiones, la increpa con un comentario que alude a la costumbre de la lectura en voz alta: "Ya le oigo decir a quien está leyendo que me arronje a un rincón, porque la cansa oírme" (II, 338). Las alusiones a un oyente son numerosas. En una ocasión, éste adquiere apellido: "Con todo esto protesto que no lo digo por la señora Hernández que me oye" (II, 378). A veces, lo refiere al discurso pasado: "como lo has oído en los amores de Malagón y Toledo" (II, 89). Por lo general, lo invita a escuchar más: "¿Quieres ver? Pues oye" (I, 186), "¿Quieres oírme lo que allí sentí?" (I, 194), "Oye más" (I, 274), "¿Quieréis oír una extrañeza?" (II, 161). A veces, añade a la invitación detalles propios de la situación o contexto "real" del oyente: "Mañana en amaneciendo te diré mi suceso" (II, 135). O lo escrito y oral confluyen: "oye con atención el capítulo siguiente" (II, 45). Hay ocasiones en que Guzmán imagina al narratario hablándole y establece un pseudo-diálogo: "Vendrásme a confesar agora" (I, 190), "Y tú, cuadrillero de bien, que me dices que hablo mal.... Yo te lo confieso y digo.... Pero dime, amigo, para entre nosotros, que no nos oiga nadie" (I, 194), "te oigo murmurar" (I, 271), "Querrásme responder" (II, 161), "Dirásme también" (II, 167). Y hasta llega a darle voz en un diálogo ficticio: "Guzmán amigo,... Di lo que te importa..., que dejaste las mozas merendando, el bocado en la boca y a los demás suspensos de las palabras de la tuya. Vuélvenos a contar tu cuento" (II, 382-83). A pesar del aire de familiaridad y cameradería presente por lo general en el contexto en que se produce una narración oral, en el caso de Guzmán sobresale su dominio y control del narratario. Aun cuando lo deja hablar directamente, su inferioridad es manifiesta.[2] El narratario, en sus múltiples transformaciones, está en manos del narrador: situación muy irónica si recordamos que éste es un galeote y entre aquéllos se encuentran oficiales de la ley, los cuadrilleros. Es una de las picardías del narrador. Si se dirige y hasta le da participación al narratario en su libro es para manipularlo y empequeñecerlo, y a través de él, a la humanidad entera.

A. El viaje y la narración oral

Guzmán escribe su vida, según nos adelanta Alemán, "desde las galeras (I, 89). Aprovechando esta situación en que se produce la escritura y el antiguo topos de la nave-libro y del viaje- escritura y lectura, al leer o escuchar la narración del galeote-escritor, nos hacemos sus compañeros de viaje.[3] Su intención es manipularnos, según las palabras con que inicia la narración: "El deseo que tenía—curioso lector—de contarte mi vida, me daba tanta priesa para engolfarte en ella... que me olvidaba de cerrar un portillo" (I, 99). Al principio de la segunda parte, nos vuelve a recordar la imagen: "ya tengo los pies en la barca, no puedo volver atrás" (II, 37). En el proemio al "discreto lector", Alemán utiliza el topos para expresar el fin de su obra: "encamino mi barquilla donde tengo el deseo de tomar puerto... a solo el bien común puse la proa" (I, 86). En el caso de Guzmán, la barca tiene el mismo valor metafórico de libro, pero posee, además, un valor referencial: la galera donde está prisionero y donde escribe su libro. Tenemos, entonces, que el narrador, un galeote, cuenta al narratario su vida durante el viaje en la barca. Al principio de la segunda parte, la imagen del viaje por mar es sustituida por la del viaje por tierra; pero nuevamente narrador y narratario van en compañía:

> Comido y reposado has en la venta. Levántate, amigo, si en esta jornada gustas de que te sirva, yendo en tu compañía. Que, aunque nos queda otra para cuyo dichoso fin voy caminando por estos pedregales y malezas, bien creo que se te hará fácil el viaje con la cierta promesa de llevarte a tu deseo (II, 35).

En la narración de Guzmán, aparecerán también narradores que harán sus relatos durante un viaje. Estos narradores funcionan como dobles del nuestro. Por lo tanto, así ellos como sus discursos contienen implícito un mensaje respecto al galeote y su cuento.

1. El "curioso forzado"

Cuando Sayavedra, el criado de Guzmán, se suicida frente a la costa española, el capitán Favelo, para consolarlo, le pide a un "curioso forzado" que lea una porción de "cierto libro de mano que tenía escrito" (II, 275). Aunque no sepamos nada más sobre este personaje, la escena lo ofrece como desdoblamiento perfecto del Guzmán escritor con respecto al narratario. Los dos escritores son "curiosos" galeotes, esto es, diferentes a los demás. Tienen un manuscrito en la galera. De la misma manera en que el forzado lee en voz alta, Guzmán también, como hemos señalado, a veces da la impresión de estar narrando oralmente. En la galera, junto con el narrador, va el oyente. En el caso del curioso forzado, Guzmán, Favelo y otros. En el del libro-barca de Guzmán, el narratario.

Otras semejanzas entre las dos situaciones narrativas, la del forzado y su novelita y la de Guzmán y su vida, parecen funcionar como claves para entender la actitud de Guzmán hacia su propia narración. Mencionamos cómo la aparente familiaridad con que Guzmán trata a su narratario esconde un sentimiento de superioridad. En realidad, la posición del narrador es la del atalaya, como indica el subtítulo. Sin embargo, pretende velarla con la del penitente. Estamos en el reino de las apariencias. Igualmente, el contexto en que se produce la lectura del curioso forzado está dominada por las apariencias. Ante el suicidio de Sayavedra, Guzmán simula el sentimiento lógico para la ocasión: "signifiqué sentirlo; mas sabe Dios la verdad" (II, 275). Los demás tripulantes simulan a su vez creer la mentira de Guzmán. Por eso, el capitán Favelo pide al forzado que lea: "para en algo divertirme de lo que sospechaban y yo fingía" (II, 275).

Surgen varias coincidencias entre la historia de Guzmán y la de Dorotea, escrita y leída por el forzado. La razón por la que el capitán escoge "el suceso" de Dorotea es "por decir en el principio dél haber en Sevilla sucecido" (II, 275). Guzmán nace y se cría en Sevilla. Como Guzmán, Dorotea es de origen converso. Igual que el hombre que Guzmán escoge por padre, el de Dorotea no sólo es de origen judío, sino también mercader y extranjero: "hubo un mercader estranjero, limpio de linaje, rico y honrado, a quien llamaban Micer Jacobo" (II, 275). Nótese la técnica de la escritura-contraescritura: las frases "limpio de linaje" y "honrado" están contradichas por el resto de la aseveración. Como Guzmán, Dorotea parece ser hija ilegítima, según sugiere la ambigua frase en la que no se indica claramente que sus padres se hubieran casado: "Tuvo dos hijos y una hija de una señora noble de aquella ciudad" (II, 275-76).[4] Ambos se casan por interés, cometen adulterio y simulan religiosidad, librándose así del castigo. La novelita anticipa el final de la segunda parte de la "vida" de Guzmán: anuncia su regreso a Sevilla con su segunda esposa y cómo allí la ha de prostituir; la orgía de amos y criados en casa de Claudio, el gozador de Dorotea, sugiere la relación sexual de Guzmán con la "esclava blanca" en casa de la señora del indiano, donde los tres, señora y criados, simulaban santidad. Tras el incendio de su casa durante la escena orgiástica, Claudio se convierte en "religioso de la orden de San Francisco" (II, 293); de la casa de la señora rica

Guzmán es llevado a la cárcel y luego a las galeras, donde ocurre su "conversión". En la novelita, la alcahueta "Sabina y las más personas que supieron la afrenta", la de Dorotea, "dentro de muy pocos días murieron" (II, 193); en la "vida" de Guzmán, Soto, que sabía más de lo conveniente sobre el regenerado ladrón, y otros galeotes conspiradores mueren gracias a la delación de Guzmán, mientras que éste, igual que Dorotea y Claudio, se libra. En ambas narraciones, los acontecimientos finales son atribuidos a la Providencia Divina. En la novelita: "Así sabe Dios castigar y vengar los agravios cometidos contra inocentes y justos" (II, 293); en la "vida": "Quiso mi buena suerte y Dios, que fue dello servido y guiaba mis negocios de su divina mano"; "De todo lo cual fue Nuestro Señor servido de librarme aquel día" (II, 479).[5]

2. Arrieros y clérigos

Tras lo acontecido con la ventera y la tortilla de huevos empollados (I, 147-53), Guzmán se encuentra con un arriero que narra la conclusión del episodio. Junto con la promesa de contar la historia, alimenta en el maltratado adolescente la ilusión de confraternidad. Sus palabras concuerdan con las del narrador ofreciendo amistad, servicio y compañía al lector de la segunda parte, "con la cierta promesa de llevarte a tu deseo" (II, 35). Dice el arriero: "Si vais este viaje, subí en un jumento desos, diréos por el camino lo que pasa" (I, 156). A Guzmán le "pareció un ángel" (I, 156). Mas la historia anunciada a carcajadas interminables no colma sus expectativas: "Quiso Dios y enhorabuena que los montes parieran un ratón" (I, 158). Y si como narrador lo desilusiona, peor hará como "ángel": al final del viaje le cobra el uso del jumento.

En el camino se les unen dos clérigos que funcionan como desdoblamiento de nuestro narrador en cuanto al procedimiento de alternar cuento y doctrina, o, como dice Alemán, "conseja" y "consejo" (I, 86). El joven cuenta la historia de Ozmín y Daraja, "para olvidar algo de lo pasado y entretener el camino con algún alivio" (I, 195). El viejo predica un sermón sobre la venganza para reprender a Guzmán por la alegría que expresara al enterarse del castigo propinado a la ventera. Lo "pasado" fue la golpiza que los cuadrilleros le dieran a Guzmán y al arriero, ante la cual los clérigos prosiguieron su viaje, aceptando implícitamente el abuso. Una larga narración y un largo sermón es lo único que provoca en los religiosos la desgracia o la alegría de sus compañeros de viaje. Ante la imponente presencia de las palabras, la ausencia de las obras. Guzmán, como los otros, aun acompañado está intensamente solo: "Todos íbamos pensativos" (I, 191); "Ya / el arriero / iba callando, no se reía... Los buenos de los clérigos iban rezando sus horas. Yo, considerando mis infortunios. Y cuando todos, cada uno más emboscado en su negocio" (I, 192). Las últimas palabras de "los buenos de los clérigos" son una condena: "condenáronme a que pagase la cebada de mi jumento" (I, 248). Se separan todos, quedando Guzmán en la soledad en que lo encontrara el arriero, soledad signo de su "peregrinaje": "El mozo se fue a su hacienda, los clérigos y yo entramos en Cazalla, yéndose cada uno por su parte" (I, 248). Guzmán narrador, lo mismo que el protagonista oyente de aquellos tres hablantes, y lo mismo que ellos, participa de esa soledad existencial. Su narración, como veremos más adelante, es una nave-atalaya que él mismo se construye para su defensa y para la ofensa, en la cual se encierra desde el principio: "me olvidaba de cerrar un portillo" (I, 99). Desde ella, igual que sus tres compañeros de camino, hará promesas, contará historias, predicará sermones y seguirá su viaje. El narratario, lo mismo que Guzmanillo por los tres, será entretenido, reprendido y engañado.

3. El "hermano Andrés"

Otro viaje sirve de contexto a la anécdota que explica el dicho de que "en Malagón, en cada casa un ladrón y en la del alcalde hijo y padre" (I, 345-47). Contrario a la historia de Ozmín y Daraja, ésta se supone un caso real. La función referencial del relato, como en la autobiografía de Guzmán, convierte la verdad en condición esencial del mismo. La condición no se cumple. Guzmán, que va de señor en busca de una compañía de soldados con que pasar a Italia, tiene "deseos de saber qué origen tuvo aquella mala voz" (I, 345). Escoge como narrador a su "hombre de a pie", Andrés, "pues fuistes estudiante y carretero y ahora mozo de mulas" (I, 345). El "hermano Andrés" es, como el "curioso forzado" y los dos frailes combinados, desdoblamiento de Guzmán, no sólo por los diversos oficios que ha tenido, incluyendo el de estudiante, sino también por su actitud ante el acto de narrar. Compárese la respuesta del mozo al amo: "Señor, v. m. me pregunta una cosa que muchas veces me han dicho de muchas maneras y cada uno la suya" (I, 345-46), con la explicación que ha ofrecido el narrador, Guzmán, a la anécdota de los dos pintores:

> Común y general costumbre ha sido y es de los hombres, cuando les pedís reciten o refieran la verdad de lo que oyeron o vieron o que os digan la verdad y sustancia de una cosa, enmascaralla y afeitalla, que se desconoce.... Cada uno le da sus matices y sentidos (I, 104).

El "hermano Andrés", en un alarde de ingenio muy guzmaniano, promete contar la "verdadera" historia; mas sus propias palabras, al estilo de su señor, lo contradicen. Una vez más se emplea el procedimiento de escritura y contraescritura simultáneamente:

> vaya como pudiere y supiere, dejando aparte lo que no tiene color ni sombra de verdad y conformándome con la opinión de algunos a quien lo oí: de cuyo parecer fío el mío por ser más llegado a la razón. Que en lo que no la tenemos natural ni por tradición de escritos, cuando tiene sepultadas las cosas el tiempo, el buen juicio es la ley con quien debemos conformarnos (I, 346).

La situación es la siguiente: el narratario deberá confiar en el buen juicio de Guzmán y Guzmán en el de Andrés de la misma manera que éste confió en el de "algunos". Claro que Andrés los aventaja a todos, pues tuvo "opiniones" de donde escoger. El narratario tiene que conformarse con la del mozo, que seguramente ha sido "afeitada" por Guzmán. De modo que, igual que en el caso de Ozmín y Daraja, nunca estaremos seguros de que oímos la "verdadera" historia: "más dilatada y con ánimo diferente nos la dijo /el más joven de los clérigos/ de lo que la he contado" (I, 248). Esta afirmación al final de la novelita contradice la del epígrafe al capítulo en que ésta aparece: "En que Guzmán de Alfarache refiere la historia de los dos enamorados Ozmín y Daraja, según se la contaron" (I, 196). El cuento de Andrés, referido para "alivio de camino" (I, 347), funciona a nivel de la lectura para dar la impresión del transcurso del tiempo camino de Malagón a Almagro y a nivel de la intriga para caracterizar, por semejanza, la situación narrativa de la "vida" del Pícaro. Nuestro conocimiento de su historia no depende de nosotros, sino de lo que él, en su "buen juicio", quiera contarnos. La escena en el mesón donde paran al final de la anécdota ilustra la posición del narratario frente al narrador con respecto a la narración. La situación "algunos" - Andrés -Guzmán (y criados) - narratario se repite de esta manera: Guzmán - criados (y narratario) - mesonero y huéspedes: "El mesonero y huéspedes, viéndome llegar bien aderezado y servido, preguntaban a mis criados quién fuese, y como no sabían otra cosa más de lo que me habían oído, respondían que me llamaba don Juan de Guzmán, hijo de un caballero principal de la casa de Toral" (I, 347). El narrador, que se ha ofrecido a acompañarnos y servirnos en el camino, busca algo semejante, una identidad: Guzmán de Alfarache, ladrón famoso, hijo del "levantisco", ladrón también. Nótese que como los criados, mesonero y huéspedes, jamás nos enteramos de su verdadero nombre ni de quién fue su verdadero padre.[6] De estas situaciones paralelas protagonizadas por Andrés y por Guzmán se desprende que debemos desconfiar del "hermano" Guzmán y de su "deseo" de contarnos su "vida".

4. Sayavedra

El relato que Sayavedra hace de su vida a Guzmán también acontece durante un viaje. Por tratarse de una autobiografía, la función referencial debe ser absoluta y la condición de verdad esencial. Nuevamente el papel del doble entra en juego. Sayavedra representa al Guzmán de Martí; como tal, servirá a Alemán como chivo expiatorio sobre el cual descargará su resentimiento contra el falso amigo.[7] Funciona también como doble del Guzmán original. En tal capacidad, su acto narrativo será revelador del de Guzmán. Como en el caso anterior, la relación entre hablante (Andrés, Sayavedra y oyente (Guzmán) es la de criado y amo: "siendo igual mio, era criado y me reconocía por amo" (II, 186). Las palabras con que Sayavedra introduce su "cuento" son eco de las de Guzmán: "hacer alarde público de mi vida" (II, 190). Como toda narración personal, la de Sayavedra va dirigida al autoengrandecimiento del narrador-protagonista. De ahí que el término "alarde", en su sentido de "ostentación", le sea apropiado. Ahora bien, debido a que Guzmán media entre Sayavedra y el lector, pues nos enteramos de la narración del criado mediante la del amo, tenemos un proceso de alarde y burla simultáneo: lo que dice Sayavedra lo contradice Guzmán mediante la ironía, de modo que los aspavientos del ladronzuelo sirven por un lado para ridiculizarlo y por el otro para engrandecer por contraste a Guzmán. Lo que cuenta como proezas es indigno de un ladrón que se honre en serlo, como el de Alfarache. Por ejemplo, cuando dice que "Ninguno de mi tamaño ni mayor que yo seis años, en mi presencia dejó de reconocerme bajamanero y baharí" (II, 193), está revelando su insignificancia y los insultos que le decían en la cara. Al echar por el suelo el "alarde" del criado y su narración, se pone de manifiesto la falsedad de la misma: es un "cuento". Lo mismo suponemos sobre el "alarde" del amo. La desconfianza que como oyente muestra ante Sayavedra, la debemos tener para con él en tanto hablante (narrador-servidor del narratario), y cuestionar su narración igual que él pondera la de su criado: "Si a este Sayavedra, como dice, le dejó tan rico su padre, cómo ha dado en ser ladrón y huelga más de andar afrentado, que vivir tenido y respetado?" (II, 206). Justamente "dar en ser ladrón y holgar de andar afrentado" es lo que hace Guzmán, según esperamos mostrar en el último capítulo. A esto le llama "hacer nombre del mal nombre".

5. *"Engolfar"*

La falsedad que suponemos en las narraciones de Andrés y Sayavedra, criados ambos de Guzmán durante un viaje, nos alerta contra el Guzmán que se ofrece a servirnos durante el viaje a través de su "vida", mar en la cual, por su "deseo" de contarla, se apresura a "engolfar" a su narratario: "El deseo que tenía—curioso lector—me daba tanta priesa para engolfarte en ella" (I, 99). De primera intención, el verbo revela jactancia por parte del narrador en cuanto a su arte, a su habilidad para deleitar al oyente, para cautivar su atención, como las mitológicas sirenas que hechizan a los navegantes. La finalidad de deleitar tiene un sentido negativo, expresado más adelante por el mismo Guzmán en su aplicación de la anécdota de los pintores. A la cosa que cuenta, "cada uno le da sus matices y sentidos, ya para exagerar, incitar, aniquilar o divertir, según su pasión le dita" (I, 104). Finalidad opuesta a la de la sirena es la del predicador. Nada más peligroso, por lo tanto, que una sirena en piel de predicador. De vez en cuando, el narrador le asegura al narratario que su intención es advertirle sobre los peligros de la vida-mar: "La / gloria / mía ya te dije que sólo era de tu aprovechamiento, de tal manera que puedas con gusto y seguridad pasar por el peligroso golfo del mar que navegas" (II, 36). Más adelante, desarrolla más la imagen: "A mi costa y con trabajos propios descubro los peligros y sirtes, para que no embistas y te despedaces ni encalles a donde te falte remedio o la salida" (II, 39). En el nivel de la escritura, es obvio que el narrador se refiere a los peligros espirituales: las tentaciones. Mas en el nivel de la contraescritura suponemos que se refiere a los peligros del oficio de ladrón. No olvidemos que nuestro escritor ha sido "ladrón famosísimo" y que "golfo" tiene la aceptación de "desocupado, vicioso, pillo". La intención de "engolfar" al "curioso" lector podría ser didáctica en un sentido pícaro, muy de acuerdo con la personalidad del narrador: instruirlo en las artes latrocinias. De ahí que describa sus "trazas" tan detalladamente.[8] En varias ocasiones, el narrador utiliza la imagen del viaje por mar y el engolfamiento para referirse a las actividades del ladrón. En estos términos, Sayavedra informa a Guzmán sobre Aguilera, su antiguo "cofrade":

> Habemos peregrinado y padecido juntos en muchos muy particulares

trabajos y peligros. Y agora que me quería meter en uno, que nos pudiera ser de grandísima importancia o por nuestra desventura dar con el navío al través; que a todo daño se pone quien trata de navegar, pues no está entre la muerte y vida más del canto de un traidor cañuto.

Dábame cuenta cómo llegó a esta ciudad con ánimo de buscar la vida como mejor pudiera, más que, para no engolfarse sin sondear primero el agua, que había buscado un entretenimiento que le hiciese la costa sin sospecha (II, 210-11).

Este pasaje parece una parodia de los anteriormente citados en que el narrador afirma su intención. Las imágenes reaparecen un poco más adelante, cuando el narrador cuenta las consideraciones de Guzmán antes de lanzarse al robo al logrero milanés, amo de Aguilera. Son las consideraciones de un corsario:

Hecho estaba un Argos en mi negocio y otro Ulises para el suyo / el de Sayavedra /, trazando cómo, si me habían dicho la verdad, poder ayudarlos a lo seguro de todos, en caso que fuese negocio de consideración para salir de lacería. Que meter costa en lo que ha de ser poco provecho es locura.

Mas, porque por ventura pudiera ser viaje de provecho y echar algún buen lance... (II, 212).

Este lenguaje tan semejante empleado por el Guzmán ladrón y el Guzmán galeote escritor, sugiere en éste una actitud de corsario, lo que nos obliga a sospechar que no es el provecho del narratario lo que busca, sino el suyo propio. Refiriéndose a su vicio de jugador, dice algo aplicable a él—gracias a la dilogía del verbo "tratar"—en tanto escritor-narrador: "los que tratan son como los corsarios, que salen por la mar, quien pilla, pilla: cada uno arme su navío lo mejor que pudiere y ojo a el virote. Andan en corso todo el año, para hacer en un día una buena suerte" (II, 180). El mensaje que captamos del análisis del topos narración-viaje y el aspecto oral de la narración es que el lector debe asumir una actitud de cautela ante el narrador.

2. La Escritura

A. Vida vivida-vida escrita

Tan importante como las particularidades de lo narrado oralmente, que Guzmán explora y re-crea en su relato es su sondeo de la narración escrita: su iconicidad o palpabilidad, todo lo que alude a las cualidades físicas de objeto, de libro.[9] A menudo se nos recuerda que estamos "leyendo" la "vida" que el galeote está "escribiendo". El resultado será una total identificación entre la vida vivida y la escrita, mas no en beneficio de una "ilusión de realidad" para la segunda, sino para manifestar lo que de retórico—inventado y compuesto—tiene la primera.

La narración se abre haciendo referencia al objeto, la vida del narrador: "El deseo que tenía—curioso lector—de contarte mi vida, me daba tanta priesa para engolfarte en ella" (I, 99). La primera alusión, "mi vida", se refiere a la vivida y la segunda, "ella", a la narración de la misma. La coda con que se cierra la obra vuelve a aludir al objeto: "Aquí di punto y fin a estas desgracias. Rematé la cuenta con mi mala vida. La que después gasté, todo el restante della verás en la tercera y última parte, si el cielo me la diere antes de la eterna que todos esperamos" (II, 480). En este pasaje, el concepto de vida vivida—y por vivir—está absolutamente confinado al de vida escrita—y por escribir. El extraño uso del pretérito "gasté" en lugar del subjuntivo "gaste" no supone al Guzmán que va a vivir sino a escribir el resto de una "vida" que ya tiene inventada. Encontramos en otros pasajes esta referencia al proceso de invención. Por ejemplo, en el razonamiento que utiliza Guzmanillo para abandonar al ventero: "Siendo aquélla para mí una vida descansada, nunca me pareció bien, y menos para mis intentos. Era camino pasajero: no quisiera ser allí hallado y en aquel oficio, por mil vidas que perdiera" (I, 262). O para salir de casa del Embajador: "desde aquel mismo día comencé de aliñar mi viaje, llevando propuesto de allí adelante hacer libro nuevo" (II, 119). O cuando por segunda vez llega a Madrid, rico con las joyas y dineros de sus parientes genoveses: "En este tiempo anduve haciendo mi cuenta, dando trazas en mi vida, qué haría o cómo viviría" (II, 320). Si el protagonista es "tracista", el narrador también lo es. Un caso muy ilustrativo es cuando descienden a Guzmán a la corulla como castigo por el robo del trencellín. El deduce que ya no podrá bajar más; por lo tanto, de ahí en adelante deberá volver a subir. En términos de la estructura general, al clímax seguirá el desenlace. Entra en acción la conspiración de Soto, que el protagonista utilizará para "levantarse", resolviendo el narrador de este modo la intriga o trama, que había alcanzado su punto límite o clímax. El comentario del narrador: "Sucedióme al punto de la imaginación" (II, 477), revela las maquinaciones suyas tanto como las del protagonista. El galeote dará con el medio para obtener la deseada libertad y el escritor con el desenlace de la narración.

Estos juegos entre vida y libro, además de mostrar la ficción en la realidad, sirven al galeote escritor para alardear de su ingenio, para divertirse y divertir al lector, compañero en sus juegos con los lugares comunes del castellano, como en la frase "¡Qué vida de Juan de Dios la mía para dar esta doctrina!" (I, 134), en la cual es difícil separar los conceptos vida y "vida", pues alude tanto a la vida "real" del santo como a las "vidas" de santos, en las que se daban muchas doctrinas y, por extensión, a la vida "real" del Pícaro y a su libro, en el que también da muchas doctrinas. Claro que éstas son doctrinas de pícaro, "barajaduras", como él las llama en un pasaje en que el concepto "vida" aparece usado en las dos acepciones que hemos señalado:

> Gente maldita son mohatreros:.... Queréisme dar licencia que les dé una gentil barajadura? Ya sé que no queréis y, porque no queréis, en mi vida he hecho cosa de más mala gana que hacer con ellos la vista gorda, dejándolos pasar sin que dejen prenda (II, 342).

Este "en mi vida", expresión idiomática para significar "nunca", se refiere a la vida "real" de Guzmán y a su libro, en el que abundan las barajaduras contra diversos tipos sociales. En el primer sentido, lo que lamenta el narrador es no recriminar a los mohatreros y no robarles, tener que dejarlos "pasar sin que dejen prenda". No olvidemos que dos de sus más importantes robos fueron a logreros, el de Barcelona (I, 357-60) y el de Milán (II, 219-28). La expresión es una broma entre el narrador y el narratario, enterado de dichos episodios. Aun con hablar Guzmán estaría "robando", pues las barajaduras suyas son murmuraciones y como él mismo ha dicho, "el murmurador se sustenta de la honra de su conocido" (II, 234); de modo que murmurar es un modo de robar la honra ajena. En el segundo nivel, el del libro, Guzmán lamenta no escribir contra los mohatreros. Este "lamentar" es un juego, pues como en ese "punto" de su vida y de su libro él es mohatrero, se aprovecha de suponer que el narratario estará cansado de tanta digresión y no querrá leer—u oír—otra para evadir hablar contra los de su propia clase y, por consiguiente, contra él mismo.

La metáfora del "libro de la vida" aparece en el comentario de Guzmán a la relación que Sayavedra le hace de su vida: "¿Por qué no volvió la hoja, cuando tuvo uso de razón y llegó a ser hombre, haciéndose soldado?" (II, 206-7). El sujeto, "él", de este pasaje es triple: Sayavedra, el Guzmán apócrifo y Juan Martí. La "hoja" es la del libro de la vida—metáfora—de Sayavedra; es la del libro apócrifo de Martí; y es la de la imaginación de Martí, que debió de haber hecho soldado a su Guzmán.

Otro lugar común, referente a la perdurabilidad de la memoria, produce, unido a la alusión a la escritura, una completa identificación entre vida y "vida". Se trata del regreso de Guzmán a Génova, donde se vengará de los parientes del levantisco por el maltrato recibido durante su primera visita, siendo pobre y desamparado:

> Y porque aún todavía todas las coyunturas de mi cuerpo me dolían, pareciéndome tener desencasadas las costillas, de la noche buena que me dio el señor mi tío, que la tenía escrita en el alma y aún la tinta no estaba enjuta (II, 230).

Este juego con el carácter escrito de la narración se lleva al extremo de identificar narrador y libro. Aludiendo a "la señora doña Fulana", que seguramente preferiría que Guzmán le contara "tres o cuatro cuentos alegres" en lugar de la prédica, "estos disparates", como llama el Pícaro sus doctrinas, dice: "ya le oigo decir a quien está leyendo que me arronje a un rincón, porque le cansa oírme" (II, 338). De modo que no

deberemos olvidar que la vida de Guzmán de Alfarache narrada
por él es un libro.

B. El viaje y la narración escrita

La imagen del viaje, que, como viéramos, propicia la
recreación del contexto narrativo oral es también utilizada para
recalcar el carácter escrito de la narración, su entidad de libro.
En los principios y finales de los capítulos, de los libros y de las
partes, se juega con el acto de la lectura: el galeote escritor
alimenta en sus lectores las expectativas de placer, invitando así a
iniciar o a proseguir la lectura. Dijimos que ésta es una de las
funciones del verbo "engolfar". Al final de la primera parte, la
invitación es directa: "Yo di mil gracias a Dios, que no me hizo
enamorado; pero si no jugué los dados, hice otros peores
baratos, como verás en la segunda parte de mi vida, para donde,
si la primera te dio gusto, te convido" (I, 472). Hablamos ya del
comienzo de la segunda parte, en que Guzmán invita al "amigo"
a hacer la "jornada" juntos, prometiendo llevarlo "a tu deseo"
(II, 35). Hacia el final, invita a concluir juntos la jornada: "Y
pues hasta aquí llegaste de tu gusto, oye agora por el mío lo poco
que resta de mis desdichas, a que daré fin en el siguiente
capítulo" (II, 463). La "jornada" concluye en el "punto y fin"
de la última página y con una invitación a la lectura de la tercera
parte. El empleo del pretérito "gasté", al cual nos referimos
anteriormente, podría estar en función de provocar la
expectación del lector respecto al cómo "gastó" el Pícaro "el
restante" de su vida.

Una manera de aumentar la expectación del lector es el
suspenso. Así ocurre al final del capítulo 5, libro tercero de la
segunda parte: "Ya os dije, cuando en mi niñez, que todo avino
a parar en la capacha, y agora los de mi consistencia en un
mesón, y quiera Dios que aquí paren" (II, 387). Ocurre también
al principio del capítulo 7 del mismo libro. Guzmán "pica" la
curiosidad del lector, que querrá saber cómo fue la vida del
Pícaro en la galera: "Galeote soy, rematado me veo, vida tengo
de hacer con los de mi suerte, ayudarles debo a las faenas, para
comer como ellos" (II, 444).

Al hablar de la oralidad, señalamos como una de las funciones de las narraciones intercaladas medir la distancia y el tiempo. Ahora hay que añadir que las alusiones al camino sirven para "medir" los capítulos. Podemos mencionar dos casos del primer libro de la primera parte: el capítulo 4, que contiene el sermón del clérigo viejo—"Su buena conversación y dotrina nos entretuvo hasta Cantillana" (I, 167)—y el capítulo 8, que contiene la historia de Ozmín y Daraja, originalmente contada por el clérigo joven—"Con gran silencio veníamos escuchando aquesta historia, cuando llegamos a vista de Cazalla" (I, 248). El final del enunciado (sermón, narración) y el final del camino coinciden con el final del capítulo. Igual sucede en la segunda parte con la narración de Sayavedra. Estas son las últimas palabras del capítulo que la contiene: "Esto me venía diciendo cuando llegamos a el fin de la jornada" (II, 205).

El concepto "discurso", íntimamente relacionado con la retórica y por lo tanto delator del carácter inventado y compuesto del texto de Guzmán, posee otro significado aparte del de acto lingüístico que favorece la identidad vida-"vida". Es otra palabra para "transcurso". La peregrinación de Guzmán por la vida, el transcurso de ésta, se contiene en su discurso. Cuando se sienta a descansar en las gradas de San Lázaro, pasa revista a los sucesos de su existencia: "Allí hice de nuevo alarde de me vida y discursos della" (I, 144). En la segunda parte, cuya realidad de libro se acentúa debido a la publicación de la primera y de la segunda apócrifa, Guzmán llama a su narración "discurso": "Bien me hubiera sido en alguna manera no pasar con este mi discurso adelante" (II, 35). En otros pasajes, ambos sentidos se interceptan. A veces vida se transforma en "desdichas", "desgracias" o "desventuras" y "discurso", aunque conservando el sentido de "transcurso", se inclina más hacia el de "acto lingüístico": "mis trabajos escritos y desventuras padecidas" (II, 40), "me acuerdo muchas veces y nunca se me olvida mi mala vida—y más la del discurso pasado—" (II, 412), "contaré mis desdichas, discurso de mi amarga vida y en mí mal empleada" (II, 414). "Aquí di punto y fin a estas desgracias. Rematé la cuenta con mi mala vida" (II, 480).

La imagen del viaje propicia otro juego, esta vez con los adverbios de lugar "allá" y "aquí", referentes al mundo del lector y al mundo del protagonista-escritor: la galera y al mundo en que todos se encuentran, que es el libro, ya sea en general o en un pasaje específico. Un caso interesante ocurre al narrar su salida de la cárcel de Bolonia, Guzmán pospone una digresión sobre las cárceles:

> ¿Quieres que te diga qué casa es, qué trato hay en ella, qué se padece y cómo se vive? Adelante lo hallarás en su proprio lugar; baste para en éste, que cuando allá llegues—mejor lo haga Dios—, después de haberte por el camino maltratado y quizás robado lo que tenías en la faltriquera (II, 173).

El pasaje anticipa la estancia de Guzmán en la cárcel de Sevilla, a la cual se refiere el "allá" lo mismo que al pospuesto discurso sobre la cárcel en general, que encontramos en II, 435-436. La picardía del narrador sugiere otra lectura, otra posibilidad ("mejor lo haga Dios"): que el narratario "llegue allá", o sea, que vaya a parar a la cárcel. Esto ocurre en tanto el narratario es "compañero" del narrador y sigue al protagonista a través de la narración. Pero la picardía consiste en sugerir que el narratario en tanto lector-persona real podría tener el mismo destino del protagonista, un pícaro. Otra ocasión en que "allá" se refiere tanto a la vida de Guzmán como a su libro es en su diatriba contra los "ladrones de bien", los cuales:

> Viven sustentados en su reputación, acreditados con su poder y favorecidos con su adulación, cuyas fuerzas rompen las horcas y para quien el esparto no nació ni galeras fueron fabricadas, ecepto el mando en ellas, de quien podría ser que nos acordásemos algo en su lugar, si allá llegaremos, que sí llegaremos con el favor de Dios (II, 237).

Al nivel de la "peregrinación" o historia de Guzmán, el "allá" se refiere a los "ladrones de bien" y a la "galera". El personaje llegará a ser "ladron de bien" en Madrid, durante sus años de mercader. Incluso se casa y reparte limosnas, actos que le confieren respetabilidad. Igualmente llegará, por ladrón, a la galera. Al nivel de la narración, el "allá" anticipa ambos episodios. Como en la cita anterior, es posible que el pícaro narrador sugiera que el narratario, lo mismo que el protagonista, llegará a la galera, no sólo a través de la narración, sino en "realidad". Unas páginas más adelante, encontramos el "allá" referido al lado del lector y el "aquí" del galeote escritor referido a la galera y al libro: "Por decir verdades me tienen arrinconado, por dar consejos me llaman pícaro y me los despiden. Allá se lo hayan.... Diré aquí".... (II, 239). En la galera y en su libro, el pícaro tiene una libertad que no existe en el resto de la sociedad: "decir verdades". La comparación implícita entre el "allá" y el "aquí" resulta en favor del mundo del pícaro galeote escritor.

El concepto "punto" será objeto de un juego semejante al que son sometidos el de "discurso" y los adverbios de lugar. A nivel de la historia, el punto se refiere a un momento dado, estado o situación de cosas. A nivel de objeto libro, el punto es el signo ortográfico colocado al final de una oración. Uno de los ejemplos más ilustrativos es el de la coda de la novelita de Dorido y Clorinia—"Hoy, que amaneció este espectáculo, ha fallecido Clorinia y en este punto acaba de espirar" (I, 472)—en que la existencia de la protagonista concluye, por la magia del narrador, en el "punto" nombrado. El juego se emplea sobre todo en la segunda parte. En el episodio en que Gracia y Guzmán se conocen, el punto se usa para detener y reanudar la narración: "Dejando esto en este punto" (II, 382), "Yo estaba ya en el punto que has oído" (II, 382), produciendo el enojo del narratario, pues el narrador ha dejado a "las mozas merendando, el bocado en la boca y a los demás suspensos de las palabras de la tuya" (II, 383).[10]

El "punto" sirve para introducir la retrospección de su vida que hace Guzmán a su vuelta a Sevilla: "Representóseme de aquel principio todo el discurso de mi vida, hasta en aquel mismo punto" (II, 415). El "punto" introduce también el episodio que precipita el desenlace de la intriga, en que el protagonista alcanza la promesa de libertad, la conspiración de Soto que Guzmán delatará: "Sucedióme al punto de la imaginación" (II, 477). En el último párrafo de la novela, el valor ortográfico del punto es reforzado por la palabra "fin": "Aquí di punto y fin a estas desgracias" (II, 480).

Otros indicios del objeto libro son las referencias a los útiles de escribir—"pluma" y "tintero" (II, 237), al título—"habiéndolo intitulado *Atalaya de la vida humana*, dieron en llamarle *Pícaro*" (II, 104), a las partes—"y no faltará otro Gil para la tercera parte, que me arguya como en la segunda" (II, 42), "ya dijimos algo en el capítulo III deste libro (II, 120), "como antes dijimos en la *primera parte*" (II, 121), "ya se lo dijimos, en la primera parte" (II, 238)—y al libro mismo—"De mi vida trato en éste" (I, 151), "mis trabajos escritos" (II, 40), "este libro" (II, 43), "este mi pobre libro" (II, 104).

En realidad, son numerosos los procedimientos que a nivel de la estructura superficial o gramatical indican el carácter "compuesto" de la narración. Además de los ya señalados, podemos mencionar aliteraciones, rima y métrica. Ejemplo de métrica lo hallamos en el burlón comentario con que Guzmán acoge la narración de su criado. La primera oración está compuesta de dos endecasílabos con el acento repartido en las sílabas 2, 6 y 10: "Atento, entretenido y admirado / me trujo Sayavedra esta jornada" (II, 206). De esta unidad métrica regular, pasa a unidades rítmicas diversas, esta vez con rima aguda, que describen onomatopéyicamente la cháchara, hueca, como el sonido de campanas: "y tanto, / que para las más que faltaban hasta Milán, / siempre hubo de qué hablar / y sobre qué replicar" (II, 206). La rima aguda ha sido usada antes en la oración que narra la muerte del "levantisco": "El pecado lo dio / y él—creo—lo consumió, / pues nada lució / y mi padre de una enfermedad aguda / en cinco días falleció" (I, 138). Obviamente, la rima aguda figura aquí la "enfermedad aguda"—tal vez una referencia al pene—que ocasionó la muerte a su padre. Ejemplos de aliteraciones encontramos en la descripción que hace de su madre —"Ella era gallarda, grave, graciosa, moza, hermosa, discreta y de mucha compostura" (I, 123)—y cuando le dice al narratario: "testigo te hago de lo que te digo" (II, 168). Las aliteraciones producen la contraescritura de lo que se afirma en la escritura respecto a la "mucha compostura" de su madre, de lo cual se está burlando, y respecto a la "doctrina" que está predicando y sobre la cual le advierte al narratario que "no son burlas", aunque le parezcan "disparates" (II, 168).

C. Los libros

El análisis de algunas de las narraciones "orales" intercaladas y de su situación conversacional recreada en la narración principal nos sugirió asumir una actitud de recelo ante el narrador y su discurso. Junto a esa oralidad, vimos luego diversos indicios y signos del discurso escrito. Tan consciente está Guzmán, de su oficio de narrador y escritor que, ya lo señalamos, llega a confundirse con el objeto: "Ya le oigo decir a quien está leyendo que me arronje a un rincón" (II, 338). La pregunta que corresponde hacer aquí es si podemos confiar de la palabra escrita, ya que no de la oral. Guzmán, que ha leído mucho, tiene su opinión sobre los libros. Dice que "el buen libro es buen amigo", y aun mejor:

> Esta ventaja hacen por ecelencia los libros a los amigos, que los amigos no siempre se atreven a decir lo que sienten y saben, por temor de interese o de privanza—como diremos presto y breve—, y en los libros está el consejo desnudo de todo género de vicio (II, 141).

Sin embargo, su libro carece de tales ventajas: hay veces en que no se atreverá o no querrá decir "lo que siente y sabe". Ya citamos el caso de los mohatreros (II, 342), en que por la misma razón que sabe mucho sobre sus tratos no los reprende, porque es uno de ellos. Por temor calla sus burlas y quejas contra los poderosos (II, 113 y 134-35). Sobre todo, en su libro no "está el consejo desnudo de todo género de vicio." Al contrario, según veremos en el próximo capítulo y ya sugerimos, los "consejos" del Pícaro son vicios. Podemos suponer que lo que hace Guzmán en el pasaje citado arriba es definir su libro por el contrario, un modo de contraescritura.

En la digresión sobre "el engaño y la mentira" (II, 63-74), el narrador afirma que "Toda cosa engaña y todos engañamos en

una de cuatro maneras" (II, 65), incluyendo en la tercera las
narraciones:

> La tercera manera de engaños es, cuando son sin perjuicio, que ni
> engañan a otro con ellos ni lo quedan los que quieren o tratan de
> engañar. Lo cual es en dos maneras: o con obras o palabras.
> Palabras, contando cuentos, refiriendo novelas, fábulas y otras cosas
> de entretenimiento. Y obras, como son las del juego de manos y otros
> primores o tropelías que se hacen y son sin algún daño ni perjuicio de
> tercero (II, 66)

Lo que diferencia a esta manera de engaños de las otras es que
"son sin algún daño ni perjuicio". Sin embargo, en otros
pasajes Guzmán sugiere que los cuentos y novelas producen
efectos negativos en lectores y oyentes. En Roma, al servicio del
Cardenal, ocupaba los momentos de ocio en leer libros, contar
novelas, jugar y engañar: "Lo más, después de servir a nuestro
amo, que era harto poco, leíamos libros, contábamos novelas,
jugábamos juegos. Si salíamos de casa, era sólo a engañar
buñoleros" (I, 445-56). Estas cuatro actividades, además de las
"legías" y "cantaletas" que daban a las "damas cortesanas" (I,
446), constitutían la "vida de entretenimiento" del paje. De los
engaños de cámara pasa a los de la calle sin transición alguna.

En la digresión sobre "las intenciones de algunos
matrimonios" (II, 348-57), los libros, específicamente "la
literatura idealista—poesía amorosa, literatura pastoril, libros de
caballería—(II, 352, nota 58), son culpados por las absurdas
esperanzas que tienen algunas "livianas de casarse por amores"
(II, 350), por el apasionamiento de otras que, "encendidas como
pólvora, quedan abrazadas" (II, 351) y hasta por la manera en
que algunas "muy curiosas, ...dejándose de vestir, gastan sus
dineros alquilando libros" (II, 351). Concluye su diatriba contra
tales libros y tales lectores con un comentario en que,
desdoblándose en "otro tal como yo", incluye en la condena su
propio libro:

> Ni falta otro tal como yo, que me dijo el otro día que, si a estas
> hermosas les atasen los libros tales a la redonda y les pegasen fuego,
> que no sería posible arder, porque su virtud lo mataría. Yo no digo

nada y así lo protesto, porque voy por el mundo sin saber adónde y lo mismo dirán de mí (II, 352).

La "virtud" de "los libros tales" que les impediría arder es su poder para entretener, para distraer de la realidad, poder tal que aun al fuego hechizaría. Respecto a la poesía amorosa, dice a la "liviana" y "loca" que "no se acordaba de ti el que te las hizo y, se te las hizo, mintió, para engañarte con adulación, como a vana y amiga della.... A cada una le dice lo mismo" (II, 350). Los libros pastoriles hacen que las lectoras "se despulsen" por tomar lo que leen "como si fuera verdad o lo pudiera ser y haberles otro tanto de suceder" II, 351). En los de caballería "todo es encantamiento" (II, 351). De modo que estos libros no son sin engaño ni perjuicio de tercero.

De Guzmán y su libro "lo mismo dirán". Nuevamente, como en II, 338, el narrador-escritor se identifica con su obra. Por lo que hemos dicho con respecto a las imágenes del viaje y de la nave, referentes a la narración-lectura y al libro, el sujeto de "voy por el mundo sin saber adónde" es no sólo el galeote sino, principalmente, el libro, y el "ellos" de "dirán" se refiere a los lectores potenciales. El destino del libro, igual que el del protagonista, es desconocido y depende, en parte, de la sociedad, en la que se encuentran dichos lectores.

La misma "virtud" que impediría a las coplas amorosas, libros pastoriles y de caballería arder, afectaría del mismo modo el libro de la vida del Pícaro. Desde el principio nos deja saber su "prisa por engolfar" al lector, "curioso" como las lectoras de libros de caballería, condenados—lectoras y libros—a la hoguera: "Otras muy curiosas" (II, 351). En el primer capítulo de la segunda parte revela, negándola, la "virtud" de su "vida". Como en el pasaje anteriormente citado, aquí también el narrador se desdobla, esta vez en "Muchos": "Muchos creo que dirán y ya lo han dicho: Más valiera que ni Dios te la diera / la vida / ni así nos la contaras, porque siendo notablemente mala y distraída, fuera para ti mejor callarla y para los otros no saberla'" (II, 37). El verbo "ser" apunta a la esencia o virtud de la "vida" del Pícaro galeote: "mala" en el sentido de perjudicial para el lector u oyente, y "distraída", adjetivo que enfatiza la calidad negativa y que Mabbe traduce como "wicked".[11] De modo que la "tercera manera de engaños" no es "sin daño ni perjuicio de tercero", por lo menos en el caso del libro del Pícaro.

Debemos concluir que tanto la narración oral como la escrita pueden engañar. Es lo que ha querido advertir nuestro narrador al señalar las cualidades orales y escritas de su discurso. Sus juegos con estas cualidades y los topos del viaje y la nave no son simples ejercicios retóricos. Como nos anticipara Alemán en la "Declaración", el texto que nos entrega fue escrito en las galeras por "un hombre de claro entendimiento, ayudado de letras y castigado del tiempo" (I, 89). Es un ejercicio en picardía, semejante aunque muy superior, al de "muchos ignorantes justiciados, que habiendo de ocuparlo, /el tiempo ocioso de la galera/ en sola su salvación, se divierten, /se apartan/ della por estudiar un sermoncito para en la escalera" (I, 89). Al acompañar al narrador a través de su "vida" no debemos olvidar que es un galeote y un pícaro.

34   CARLOS ANTONIO RODRÍGUEZ MATOS

Notas

[1]Sobre el término "narratario", véase la nota 7 de la introducción. En el *Guzmán*, es el "curioso lector" en todas sus transformaciones. Respecto a la oralidad del *Guzmán* y de la picaresca, referimos a los artículos de Gonzalo Sobejano, "Un perfil de la picaresca: El pícaro hablador", en *Studia hispanica in honorem Rafael Lapesa*, III (Madrid: Cátedra-Seminario Menéndez Pidal, 1975), pp. 467-85, y C. George Peale, *"Guzmán de Alfarache como discurso oral"*, en *Journal of Hispanic Philology*, 4 (1979), 25-57.

[2]Es el caso de la última cita, donde el narratario protestón no se da cuenta de que la digresión con que Guzmán interrumpe su "cuento" es necesaria, "importa", pues presenta veladamente las motivaciones de su casamiento con Gracia.

[3]El topos ha sido estudiado por Ernst Robert Curtius en su *European Literature and the Latin Middle Ages*, trad. Willard R. Trask (Princeton: Princeton University Press, 1973), 128-30. El término "escritura", tal como lo utilizamos en esta ocasión, se refiere al proceso de escribir, que, en el caso de Guzmán contiene tanto la escritura como la contraescritura.

[4]Esto lo notó Benito Brancaforte en su edición (II, 275-76, n. 20).

[5]En cuanto a la ténica de la anticipación y la relación entre las novelitas y la narración principal, véase el libro de Benito Brancaforte antes citado, *Degradación*, 82-90 y 189-92, por ejemplo. La novelita de Ozmín y Daraja ha sido estudiada por Hortensia Morell, "La deformación picaresca del mundo ideal en 'Ozmín y Daraja' del *Guzmán de Alfarache*", *La Torre*, 23, 89-90 (1979), 101-25.

[6]Sobre este asunto tratamos en el capítulo 4.

[7]Nos referimos a Juan Martí o Mateo Luján, autor de la *Segunda parte de Guzmán de Alfarache*, para lo cual se apoderó de las ideas de Alemán, obligándolo a re-hacer su segunda parte. Véanse el proemio de Alemán al "letor" (II, 19-22), la introducción de Brancaforte (I, 51-64) y su libro *Degradación*, 93-114.

[8]Esto no es nuevo en la literatura castellana. Una intención semejante manifiesta Juan Ruiz en su introducción al *Libro de buen amor*: "puesto que es humana cosa el pecar, si algunos quisieran (no se lo aconsejo) usar del loco amor, aquí hallarán algunas maneras para ello" (Juan Ruiz, *Libro de buen amor*, ed. María Brey Mariño, Madrid: Castalia, 1972, 38).

[9]El término "palpabilidad" ha sido aplicado al fenómeno resultante de procedimientos que nos recuerdan que lo que leemos "es un texto, un artefacto lingüístico y no una transcripción neutral de la realidad". Tomamos y

traducimos la cita de Roger Fowler, *Linguistics and the Novel* (Londres: Methuen, 1973), p. 67.

[10]En el famoso episodio del vizcaíno, capítulos 8 y 9 de la primera parte del *Quijote*, el narrador deja a los contrincantes con las espadas levantadas, no dentro de un mismo capítulo, sino de un capítulo al otro. El episodio del *Guzmán* bien pudo haber inspirado a Cervantes.

[11]II, 37, n. 7.

Capítulo II: El tratante y el escritor

> "Ya pues aquí he llegado sin pensarlo y en ese
> puerto aporté, quiero sacar el mostrador y
> poner la tienda de mis mercaderías."

1. El "libro de memorias"

Además del contexto físico en que se encuentra Guzmán en el
momento de la narración, la galera, existen otros elementos de la
caracterización del protagonista que se manifiestan en el discurso
narrativo. Particularmente importante es su oficio de logrero, el
cual la mentalidad pícara del galeote aproxima al presente oficio
de escritor narrador. Vimos que Guzmán no parece tener un
concepto muy favorable de la narración oral o escrita ni de los
libros. Hay, sin embargo, un libro que podría funcionar como
metáfora de la "vida" que está escribiendo el Pícaro. Nos
referimos al "libro borrador" (II, 219) o "libro de memorias"
(II, 217), usado por los mercaderes para anotar las transacciones
diarias, "el debe y ha de haber" (II, 332), como dice Guzmán.
Las "vidas" o autobiografías son también libros de memorias.
Tanto el mercader como el escritor "tratan". Tanto el
negociante como el narrador "cuentan", uno cuentas, el otro
cuentos. Las cuentas del mohatrero son engañosas, como los
cuentos del pícaro. La comparación o igualación de estos dos
tipos de libros surge de la actitud del escritor-narrador,
semejante a la del mercader o "ladrón de bien" (II, 237, 334).

La primera experiencia de Guzmán con un libro borrador se
produce cuando, bajo el nombre de don Juan de Osorio y
ayudado por un antiguo amigo de Sayavedra, Aguilera, roba al
amo de éste, un mercader milanés, "Hombre del más mal
nombre" (II, 214). Este episodio anticipa el oficio que Guzmán
ejercerá en Madrid y el episodio en la galera en que el solo
nombre de Guzmán de Alfarache lo incriminará como ladrón
ante el pariente del capitán. El mal nombre le viene al milanés de

su oficio de logrero. Y si los milaneses imaginan el libro de su compatriota lleno de borrones y engaños, igual deberá hacer el narratario con la "vida" del Pícaro. Como el Guzmán escritor que conoce bien la retórica, el ladrón "acomoda bien" su mentira en el libro del milanés:

> Aguilera me trujo el libro borrador, que le pedí, busqué una hoja de atrás, donde hubiese memorias de ocho días antes, y en un blanco que hallé bien acomodado, puse lo siguiente: "Dejóme a guardar don Juan Osorio tres mil escudos...." Luego pasé unas rayas por cima de lo escrito y a la margen escrebí de otra letra diferente: "Llevólos, llevólos" (II, 219-220).

Nótese que lo mismo que en ese libro, en el de su "vida" el Pícaro usa un nombre falso. De hecho, nunca nos enteramos de su verdadero nombre. Cuando Guzmán se presenta a reclamar el dinero que supuestamente le diera a guardar al mercader, éste muestra primero el "libro mayor" y luego el "manual", ante lo cual Guzmán protesta: "No, no, no son menester aquí tantos enredos, engañándonos con libros" (II, 223). Sin duda, no se atrevía sacar a la vista del público y la justicia su libro borrador. Cuando por fin lo traen y descubren la memoria tachada, Guzmán acusa al logrero de que "me borrábades lo escrito" (II, 226). Las apariencias, el don, el vestido de Guzmán y el mal nombre del mohatrero condenan a éste, mientras que el sevillano se pone en camino de convertirse no sólo en "ladrón famosísimo", sino además "ladrón de bien", de los que "viven sustentados en su reputación, acreditados con su poder y favorecidos con su adulación" (II, 237). Como escritor, oficio de gran poder, el galeote deseoso de libertad, intenta fabricarse una reputación y se asegura de que no le puedan hacer lo que él hizo con el libro ajeno. Por eso, cierra el "portillo" (I, 99) de su libro-galera y se construye una "atalaya". En su libro de memorias, sólo él puede "borrar lo escrito". El es quien sabe "engañar con libros".

Hecho mohatrero en Madrid, con otro igual por suegro, Guzmán posee su propio libro borrador en que anota sus embelecos: "Como sólo mi suegro sabía tan bien como yo el *debe* y *ha de haber* de mi libro, no me faltaba el crédito, porque todos creyeron siempre que aquellos quinientos ducados eran míos" (II, 332). Como esos "todos", muchos han dado crédito al Guzmán narrador "arrepentido" y sus "doctrinas". Lo más importante que aprende de su suegro es el negocio de las contraescrituras, que anulan toda posibilidad de descubrir el engaño y, por consiguiente, de saber la verdad:

> con las contraescrituras no hay crédito cierto ni confianza segura.... Y siendo la intención del buen juez averiguar la verdad..., no es posible, porque anda todo tan marañado, que los que del caso son más inocentes quedan los más engañados y por el consiguiente agraviados (II, 335).

El Guzmán narrador ha de utilizar en su autobiografía, como ya dijéramos en el capítulo anterior, una serie de técnicas que constituyen el sistema que hemos llamado de escritura y contraescritura, que lo descualifica como narrador fidedigno. Todo en su "vida" anda "marañado". Nos hemos referido al caso de la novelita de Ozmín y Daraja, que Guzmán presenta como una fiel transcripción del cuento del clérigo: "comenzó el buen sacerdote la historia prometida, en esta manera" (I, 196), y al final nos desengaña: "más dilatada y con alma diferente nos la dijo de lo que yo la he contado" (I, 248). Semejante es el caso de la anécdota sobre Malagón, sobre la cual lo único seguro es la imposibilidad de saber la verdad, según sugieren las palabras de Andrés: "una cosa que muchas veces me han dicho de muchas maneras y cada uno de la suya" (I, 346). A través de nuestro estudio daremos ejemplos de contraescritura.

La afición de Guzmán al trato se diría es inherente. Su padre, el levantisco, y su madre se vieron "en las gradas de la Iglesia Mayor", donde "los mercaderes hacían lonja para sus contrataciones" (I, 122). El matrimonio de ellos fue un negocio: ella era prostituta, él alcahuete. Los dos matrimonios de Guzmán son negocios: el primero con la hija del mohatrero que le enseña el negocio de las contraescrituras y el segundo con Gracia, que repite le situación de sus padres: ella prostituta, él alcahuete. En el intermedio de los dos matrimonios, Guzmán intentó otro negocio: ser sacerdote: "trataba de la venta de mi maestro" (II, 364), "sólo puesta la mira en tener qué comer o qué vestir y gastar" (II, 365). En Sevilla, es una especie de administrador de los bienes de la señora del indiano: "No sabía mi ama de más hacienda ni más poseía de aquello que yo le daba" (II, 433). Es a estas alturas, en el antepenúltimo capítulo de la obra, donde encontramos la digresión sobre "la fuerza de la costumbre" (II, 428). A la imagen de la hiena, "que se sustenta desenterrando cuerpos muertos" (I, 100), se añade la del lobo: "un lobo estaba en mi vientre: nunca pensaba verme harto" (II, 431). Guzmán, que dentro de poco irá a parar a las galeras, no cambiará. Ni siquiera el hábito, porque su supuesta conversión en las galeras era otra de sus prácticas, según lo que nos dice en la mencionada digresión:

> ¡Cuántas veces también, cuando tuve prosperidad y trataba de mi acrecentamiento—por sólo acreditarme, por vanagloria, no por Dios, que no me acordaba ni en otra cosa pensaba que solamente parecer bien al mundo y llevarlo tras de mí, que, teniéndome por caritativo y limosnero, viniesen a inferir que tenía conciencia, que miraba por mi alma y hiciesen de mí más confianza—, hacía juntar a mi puerta cada mañana una cáfila de pobres y, teniéndolos allí dos o tres horas porque fuesen bien vistos de los que pasasen, les daba después una flaca limosna y con aquella nonada que de mí recebían, ganaba reputación para después alzarme con haciendas ajenas! (II, 430).

Tan pronto llega a las galeras, desde donde ha de escribir su "vida", inicia sus tratos: cobra sus "derechos de los nuevos presos ... Cobraba el aceite, prestaba sobre prendas... Estafaba a los que entraban" (II, 444). Aunque relativa, por tratarse de la galera, Guzmán tenía "prosperidad": "Iba creciendo como espuma mi buena suerte" (II, 461), y trataba de su "acrecentamiento": "salí a tierra con un soldado de guarda y empleé mi dinerillo en cosas de vivanderos, de que luego en saliendo de allí había de doblarlo, y sucedióme bien" (II, 461). Es justamente aquí donde hallamos el famoso discurso de la conversión, acomodado sin transición alguna, señal de su falsedad.[1] Si a nivel del discurso, el de la conversión es un "negocio" para ganar la compasión del narratario desprevenido, a nivel de la historia es otro negocio para ganar reputación y alzarse no sólo con "haciendas ajenas", sino, sobre todo, con la ansiada libertad. Sobre esto trataremos más adelante.

Adelantamos que el medio inmediato que utiliza para lograrla es la delación, que costará la vida a algunos de sus compañeros. La mentalidad de mercader y logrero adquirida en Madrid, o mucho antes, de sus padres, permea la conducta posterior de Guzmán, sobre todo en la galera, en que escribe su libro. Aprovechando la disemia de los verbos "contar" y "tratar" y la de "libro de memorias", "cuenta" su vida como un "tratante", como un logrero maneja su "libro borrador".

A. Contar

Leyendo la "vida" de Guzmán de Alfarache desde esta perspectiva, asistimos a la transformación de su libro de cuentos en libro de cuentas. El verbo "contar", en sus diversas transformaciones, media este proceso. Si comparamos el principio de la primera parte: "El deseo que tenía—curioso lector—de contarte mi vida,... y antes de contarla" (I, 99-100),, con el final de la segunda: "Rematé la cuenta con mi mala vida" (II, 480), observamos el proceso completo. La transformación de cuento en cuenta comienza en el primer párrafo. Si en la primera frase el lector entiende el verbo como refiriéndose solamente al acto narrativo, pocas líneas después lo verá relacionado con el acto, también lingüístico, de murmurar y con el matemático de multiplicar: "Pues cada vez que alguno algo dello cuenta, lo multiplica con los ceros de su antojo" (I, 101). En esta ocasión Guzmán se refiere a los que murmuran sobre sus padres. Pero seguidamente establece una generalización: "Que hay hombre, si se le ofrece propósito para cuadrar su cuento...." (I, 101-102). Más adelante asocia el acto matemático con la narración de su vida y escritura de su libro: "Si a mí se me hiciera vergüenza, no gastara en contarte los pliegos de papel deste volumen y les pudiera añadir cuatro ceros adelante" (I, 253).

El sustantivo "cuenta" aparece en relación con dar o pedir información biográfica. La cuenta es la narración, oral, de experiencia personal. Es, en todas las ocasiones, falsa. No olvidemos que la primera fue al abandonar Sevilla y autobautizarse Guzmán de Alfarache. Para reducir a "buen conceto" al chico toledano, le dice: "Hasta agora no he querido daros cuenta de mí; mas porque perdáis el recelo, pienso dárosla. Mi tierra es Burgos,..." (I, 327). Disfrazado de galán, tiene en Toledo su primera y frustrada experiencia erótica con una "señora", la cual le "pidió larga cuenta de mi vida.... Mas yo todo era mentira; nunca le dije verdad. Y pensándola engañar..., fuila satisfaciendo a sus palabras y perdí la cuenta en lo que más importaba" (I, 336-7). Invariablemente, Guzmán ha de rendir una cuenta falsa de su vida. Lo hace con el chico toledano (I, 327), con Sayavedra (II, 187), con el predicador (II, 424-5) e incluso con quien más cerca estuvo de establecer una relación auténtica, el capitán Favelo: "mas todo yo era embeleco. Siempre hice zanja firme para levantar cualquier edificio. Comunicábamos muy particulares casos y secretos; empero, que de la camisa no pasasen adentro" (II, 244).[2] Si falsas son las cuentas que rinde oralmente de su vida, presumimos que también son falsas las escritas, según sugiere la acusación que pone en boca de "Muchos": "Más valiera que ni Dios te la diera ni así nos la contaras,... siendo notablemente mala y distraída" (II, 37). Por "mala" entiéndase falsa, engañosa, pícara. A su "mala vida" vuelve a referirse en el párrafo final de la obra, junto con el sustantivo "cuenta" y otros términos mercantiles: "Rematé la cuenta con mi mala vida. La que después gasté, todo el restante della..." (II, 480). La cuenta que de su vida rinde, como operación matemático-mercantil es un "alarde público que de mis cosas te represento" (II, 38); alarde en su sentido de "pasar revista": el narrador "cuenta" los sucesos de su vida; quiere "venderlos" al narratario.[3]

B. "Hacer la cuenta"

Existe otra operación ampliamente practicada en el universo guzmaniano: "hacer la cuenta". El "levantisco" tenía "un largo rosario entero de quince dieces, en que se enseñó a rezar, ... las cuentas gruesas, más que avellanas" (I, 107), las cuales le sirven para "hacer sus cuentas de logrero" y para intentar, sin éxito, encubrir su falta de religiosidad (I, 107, n. 50). Mientras Guzmán le daba "larga cuenta" de su vida a la señora toledana, ella hacía la suya en las del rosario, que le sirve para esquilmar al inexperto amante. Al rato de marcharse, envía a su criada "si por ventura jugando su dama con el rosario, se le hubiese allí caído la pieza" (I, 337). Guzmán mismo no perdía "día de rezar el rosario entero" ((I, 271). Como en otras ocasiones, pone en boca del narratario, a modo de murmuración, la verdadera razón de sus rezos: "y aunque te oigo murmurar que es muy de ladrones y rufianes no soltarlo de la mano, fingiéndose devotos de Nuestra Señora, piensa y di lo que quisieres como se te antojara, que no quiero contigo acreditarme" (I, 271-2). En Bolonia, listo para saquear a los jugadores, "yo estaba paseándome por la cuadra, mi rosario en la mano, como un ermitaño" (II, 183); o sea, hacía su cuenta, tramaba sus trampas. Aun como narrador, con su apariencia de penitente y moralista, Guzmán se pasea ante el narratario con el rosario en las manos.

La operación misma de hacer la cuenta genera el confuso origen de Guzmán. Su madre, amancebada con un anciano, decide aceptar el trato sexual con el levantisco: "La señora mi madre hizo su cuenta: 'En esto no pierde mi persona ni vendo alhaja de mi casa, por mucho que a otros dé'" (I, 125). Desposada con el levantisco—ya Guzmán había nacido cuando se casaron—, Marcela sigue "la regla de las casadas":

> Dos es uno y uno ninguno y tres bellaquería. Porque no haciendo cuenta del marido, como es así la verdad, él solo es ninguno y él con otro hacen uno; y con él otros dos, que son por todos tres, equivalen a los dos de la soltera. Así que, conforme a su razón, cabal está la cuenta (I, 136).

De ahí que "sería gran temeridad afirmar cuál de los dos me engendrase o si soy de otro tercero" (I, 136). Por conveniencia, Guzmán escoge como padre al esposo de su madre: "Sea como fuere, y el levantisco, mi padre;... Por suyo me llamo, por tal me tengo, pues de aquella melonada quedé legitimado con el santo matrimonio; y estáme muy mejor, antes que diga un cualquiera que soy malnacido y hijo de ninguno" (I, 136). La relación entre Marcela y el levantisco es un trato comercial. Se conocen en las gradas de la Iglesia Mayor, donde "los mercaderes hacían lonja" (I, 122). Entre éstos, él "quedó rematado, sin podella un punto apartar de sí" (I, 123). La retórica amorosa es desmentida por la "realidad" narrada: en la belleza natural de Marcela (I, 123), que contrasta con la afeitada suya (I, 118), lo que el levantisco ve es la mercadería con cuyo trato satisfará sus vicios. Por eso quedó "rematado" inmediatamente. La gente, sin embargo, no se dejó engañar por el disfraz del matrimonio: "la idolatría del qué dirán, la común opinión, la voz popular... no le sabían otro nombre sino *la comendadora*" (I, 136), nombre que lo anula como marido. El final de la relación está marcado por la ruina. Marcela es ya vieja para venderse. Para colmo de males, no le nació una hija que pudiera tratar. Este hecho pesa como una condena sobre el pobre varón, que por serlo es inútil prenda para su madre. El "nací solo" (I, 141) también significa "nací varón". Esto podría motivar, junto con el determinismo del padre escogido, la temprana y continua prostitución a la que se presta Guzmán, particularmente en Roma con el embajador y en la galera. Su sino de hijo único vuelve a ser aludido en Génova, conversando con el "tío": "Nací solo, no tuvieron mis padres otro" (II, 248), y a su regreso a Sevilla, para desmentir el que la moza que acompañaba a Marcela fuera hija suya: "Verdaderamente no lo era ni tuvo más que a mí" (II, 417). Guzmán hará que Marcela abandone a la moza, cuyo lugar ocupará Gracia, especie de yo femenino de Guzmán, a quien prostituye, en vez de gozar.

Guzmán presta a la contraescritura de su "platónico idilio" con Gracia el mismo sello mercantil con que marca la narración del "enamoramiento" de sus padres. Como Marcela y el levantisco, Gracia y Guzmán se ven por la primera vez en una iglesia; pero en esta ocasión es ella quien está en el corro de los mercaderes: "un corrillo de mujeres" (II, 381). Aunque Guzmán se compara con un cazador: "Asenté la rodilla en el suelo, sacando adelante la otra pierna, como ballestero puesto en acecho" (II, 381), ellas son tan cazadoras como él: "Yo era conocidísimo... y acreditado de rico" (II, 381). Lo que ellas no saben es lo que el narrador, en una pausa narrativa, advierte al narratario para que pueda entender el negocio del protagonista: "Dejando esto en este punto, antes de continuarlo, conviene advertiros que con los gastos de los estudios en libros, en grados

y vestirme, íbamos casi ajustando la cuenta yo y mi hacienda"
(II, 382). El narratario, que no ha captado la intención del
narrador al tratar en ese momento sobre las contraescrituras y la
simonía, le pregunta si eso "por ventura corre por tu cuenta" (II,
383) y le exige que continúe con la narración: "Vuélvenos a
contar tu cuento" (II, 383).

El narrador, obediente, prosigue su cuento, que trata sobre la
cuenta que hace el protagonista. El cuento es supuestamente
sobre su enamoramiento platónico de Gracia. La cuenta es el
negocio que tácitamente establece con la madre de la moza: "Era
taimada la madre, buscaba yernos y las hijas maridos" (II, 384);
"La madre me ofreció su casa y su hacienda. Era mujer
acreditada en el trato" (II, 386); "caséme. No ha sido mala
cuenta la que di de tantos estudios" (II, 387).

Las imágenes con que describe a Gracia y su discurso sobre el
amor (II, 388-92) encubren a la vez que revelan las verdaderas
intenciones del estudiante de Teología, las de convertirse en
esposo alcahuete de la muchacha. La picardía del narrador llega
al extremo de ofrecerle la moza al narratario al alabarle su
belleza y experiencia: "Tenía esta rapaza decir y hacer, nombre y
obras.... Toda ella era una caja de donaires. En cuanto
hermosa, no sé cómo más encarecerte su belleza que callando"
(II, 383). Deducimos nuestra afirmación de un comentario sobre
la costumbre de alabar las cualidades de la prenda en venta en
presencia del posible comprador: "No hiciera yo por ningún caso
lo que algunos, que cuando en presencia de sus mujeres alababan
otros algunas buenas prendas de damas cortesanas, les hacían
ellos que descubriesen allí las suyas, loándoselas por mejores"
(II, 399). Más adelante, ha de confesar su práctica de dicho
exhibicionismo:

> loar en las conversaciones, en presencia de aquellos que pretendían ser
> galanes de mi esposa, las prendas y partes buenas que tenía,
> pidiéndole y aun mandándole que descubriese algunas cosas ilícitas,
> pechos, brazos, pies y aun y aun... —quiero callar, que me corro de
> imaginarlo—para que viesen si era gruesa o delgada, blanca, morena o
> roja! (II, 413).

Si en aquella época, como hoy, la expresión "correrse" se refería además de a avergonzarse, al acto de la eyaculación, el pasaje no podría ser más gráfico, o pícaro.[4] Esa parte que por poco nombra, la vagina, parece ser el sujeto del verbo "era". Aunque no la nombra, la describe.

Los términos con que Guzmán expresa su "enamoramiento" deben ser entendidos en el sentido de "hacer la cuenta": a la escritura platónica se opone la contraescritura mercantil. Según el levantisco, ante la vista de Marcela, "quedó rematado" (I, 123), Guzmán dice que Gracia "desposeyóme del alma" (II, 383). Oyéndola "tañer", el enamoramiento es total: "Hiciéronlo de manera, con tanta diestreza y arte y con tanta excelencia de bien de mi prenda, que no me quedó alguna que allí no se rematase" (II, 384). El uso del reflexivo, además de indicar que el negocio era mutuo, sugiere que el concierto fue una especie de subasta. La música, elemento tan importante en el neoplatonismo, es sin duda desde aquel momento una de las prendas que despiertan la codicia del futuro tratante de su mujer y que explotará: "mi mujer enamoraba los hombres yéndoles a tañer y a cantar a sus casas. Bien claro está de ver que tales gracias de suyo son apetecibles. ¿Pues cómo, convidando con ellas, no me las habían de codiciar?" (II, 413). Camino de la casa de Gracia, "íbamos tratando de nuestros amores" (II, 384). Luego, "Despedíme, dejélas; no las dejé, ni me fui, pues, quedándome allí, llevé comigo la prenda que adoraba" (II, 385). Estos conceptismos de coplas amorosas no son de enamorado ni de poeta, sino de logrero.

El discurso sobre el amor se basa en ideas neoplatónicas ya convencionalizadas en la época de Alemán, como los tópicos de "los ojos, ventanas del alma" y "la transformación del amante en la amada". Mediante ellos, se interpreta lo ocurrido en Santa María del Val y en el pradillo. Pero esta escritura neoplatónica contiene la contraescritura, en términos mercantiles, los cuales subrayamos:

> como salen por los ojos los rayos del corazón, se inficionan de aquello que hallan por delante semejante suyo, y volviendo luego al mismo lugar de donde salieron, *retratan* en él aquello que vieron y codiciaron. Y por parecerle a el apetito *prenda noble*, digna de ser

comprada por cualquier *precio*, *estimándola* por de infinito *valor*, luego *trata* de quererse quedar con ella, ofreciendo de su voluntad el tesoro que tiene, que es la libertad, quedando el corazón cativo de aquel señor que dentro de sí recibió (II, 391).

De este modo, nos deja saber que la idea de tratar con Gracia le surgió desde el principio: la vio y la codició, "estimándola por de infinito valor". Inmediatamente, "trata de quererse quedar con ella", ofreciendo en cambio su libertad, casándose. Una vez casados, Gracia es un objeto: "No trujo huésped bocado bueno a casa, que no me alcanzase parte.... Y como mi esposa trujo poca dote, tenía para hablar poca licencia y menos causa de pedirme demasías" (II, 393). Las "dotes" de Gracia son su cuerpo—"cegáronme dotes naturales" (II, 392)—del cual disfrutaban los huéspedes. Mas por ser estudiantes, Guzmán no está satisfecho; tan pronto tiene oportunidad se va a la corte: "Yo sabía ya lo que pasaba en la corte. Había visto en ella muchos hombres que no tenían otro trato ni comían de otro juro que de una hermosa cara y aun la tomaban en dote" (II, 398). Nótese el juego con "hermosa cara", en que ambas palabras pueden ser o sustantivo o adjetivo. Mediante Gracia, Guzmán realiza un sueño de infancia, prostituir a la hermana que no tuvo: "Que al hombre que lleva semejante prenda que empeñar o vender, siempre tendrá quien la compre o le dé sobre ella lo necesario" (I, 151). Notemos nuevamente otro juego de palabras, más pícaro que el antes señalado, en la frase "sobre ella". Finalmente, de Madrid, salen despedidos hacia Sevilla, donde Gracia ocupará junto a Marcela y Guzmán el lugar de la providencial hermana: "Si como nací solo, naciera una hermana, arrimo de mi madre, báculo de su vejez, columna de nuestras miserias, puerto de nuestros naufragios, diéramos dos higas a la fortuna" (I, 141). La cita es obviamente una parodia de las letanías a la Virgen.

El episodio acerca de la especie de viaje de negocios desde Alcalá a Madrid y a Sevilla ocupa dos terceras partes del capítulo 5 del tercer libro (II, 395-411), y está hilvanado por las transformaciones del verbo "contar", siendo la principal "hacer la cuenta", motivo de los viajes. Comienza con la muerte del suegro, que ocasiona la pérdida del mesón: "Digo de *mi cuento* que, como el compañero de mi suegro faltase y al cabo de pocos días falleciese" (II, 395). Como la prostitución de Gracia dejaba poco por ser los clientes estudiantes, "Hice mi cuenta" (II, 397). Se marchan a Madrid, "cantando las tres ánades, madre" (II, 397), que sugiere el recuerdo de la "regla de las casadas" de Marcela y la codicia de Guzmán, que le hace anticipar la ganancia: "Venía yo a mis solas haciendo la cuenta: 'comigo llevo pieza de rey, fruta nueva, fresca y no sobajada; pondréle precio como quisiere'" (II, 399). El primer comprador es un ropavejero que "aunque verdaderamente hacía... cuanto podía y nada nos faltaba, ya se me hacía poco" (II, 401). Así que decide buscar más alto, pues mujeres como Gracia no son para "personas de menos *cuenta*" (II, 401). Para colmo, la huéspeda, "por sólo la permisión que ponía de su parte" (II, 402), exigía su comisión,"y aquesto no era lo que yo buscaba ni me venía bien a cuento" (II, 402). Ya Guzmán había hecho su cuenta con otro cliente: "Ya yo sabía quién con exceso de ventajas era más benemérito y más a mi cuento" (II, 403). Siguen así, hasta caer en manos de "un ministro grave" (II, 407, que en su juventud fue juez en Sevilla, donde "conoció mucho" a Marcela y que bien pudo haber sido el engendrador de Guzmán: "Tanto me dijo, que sólo le faltó hacerme su deudo muy cercano" (II, 408). Bajo este ministro, pierden la libertad de negociar. Como Urías, el marido de Betsabé, Guzmán es enviado a otro lugar, y la huéspeda aprovecha su ausencia para robarle: "No le pareció buena cuenta ni aun razonable a mi huéspeda ser mucha la sujeción y poca la provisión" (II, 410). Decide abandonar Madrid. Este párrafo, el último del capítulo, contiene la palabra "cuenta" tres veces: "Yo hice mi cuenta... pues le falta la cuenta... Vínome todo a cuenta.... Pareciéndonos de más importancia los peruleros, calladamente me vine a Sevilla" (II, 410-11). La unidad estructural de todo el episodio se da mediante la utilización al principio y al final del mismo de la frase "hice mi cuenta" y del canto del principio: "nos venimos a Madrid, cantando tres ánades, madre" (II, 399) y el silencio del final: "calladamente me vine a Sevilla" (II, 411). Nótese también la diferencia en la persona verbal: "nos venimos" y "me vine", indicio de que el regreso a Sevilla tanto como la salida años atrás está marcado por la soledad y anticipación del fin de la relación de Guzmán y Gracia, cuando ella lo abandona en Sevilla. La canción del principio parece también anticipar el regreso, imprevisto, a la madre.

La más importante de las cuentas que hace el protagonista es la del logro de su libertad, cuyo precio será la vida de algunos de sus compañeros galeotes y la condena de otros al remo perpetuo. La narración, en este caso, se hilvana con el verbo "rematar", utilizado en las subastas y que, además, significa "vender más barato lo último que queda de una mercancía".[5] El antepenúltimo capítulo de la segunda parte termina con el frustrado intento de fuga y la consecuente condena: "me remataron por toda la vida.... Pensé huir del peligro y di en la muerte" (II, 443). El capítulo siguiente comienza con la repetición de la condena y la esperanza, que pone en boca de su "dama", de libertad: "Galeote soy, rematado me veo, vida tengo de hacer con los de mi suerte.... Púseme mi calzón blanco, mi media de color, jubón acuchillado y paño de tocar, que todo me lo enviaba mi dama con esperanzas que aún había de pasar aquel tiempo y había de tener libertad" (II, 444). En el último capítulo, la esperanza reaparece en la figura del caballero pariente del capitán, a quien Guzmán se esmera en servir "pareciéndome que podría ser... alcanzar algún tiempo libertad" (II, 467). Ni siquiera en la bajeza de la corulla pierde la esperanza: "siempre confié levantarme" (II, 477). La conspiración de Soto le da la oportunidad: "Sucedióme al punto de la imaginación" (II, 477). La cuenta que hiciera Soto será aprovechada por Guzmán: "parecióles darme cuenta de su intención, haciendo para ello su cuenta y considerando que a ninguno de todos le venía el negocio más a cuento que a mí, tanto por estar ya rematado por toda la vida, cuanto por salir de aquel infierno" (II, 478). La expresión "hacer la cuenta" es sustituida por "hice mi consideración" (II, 478). El resultado de la "consideración" de Guzmán se expresa impersonalmente: "descubrióse toda la conjuración. De que / el capitán / se santiguaba y casi no me daba crédito, pareciéndole que lo hacía porque me relevase de trabajo y me hiciese merced" (II, 479).[6] En toda esta serie de acontecimientos, el narrador continúa relevando al protagonista de toda responsabilidad directa en los mismos, como si el galeote no hubiera hecho su cuenta. Por extraña coincidencia, el trencellín por cuyo robo Guzmán fuera condenado a la corulla reaparece: "Quiso mi buena suerte y Dios, que fue dello servido y guiaba mis negocios de su divina mano" (II, 479). Según el episodio del viaje de negocios con Gracia se abre y cierra con la expresión "hacer la cuenta", el de la condena a la galera comienza y termina con el verbo "rematar". La muerte implícita en el verbo le toca a Soto, a un compañero y a otros cinco galeotes (II, 479); mientras que "a muchos otros que hallaron con culpa dejaron rematados por toda la vida" (II, 479). En cambio, a Guzmán: "el capitán... me mandó desherrar y que como libre anduviese por la galera, en cuanto venía cédula de Su Majestad, en que absolutamente lo mandase" (II, 479-80). La cuenta que hiciera le salió bien: logró su libertad a cambio de la libertad y la vida de sus compañeros. Con este episodio concluye la segunda parte: "Rematé la cuenta con mi mala vida" (II, 480).[7]

C. *Las cuentas de Dios*

También Dios, negociante, tiene un libro de memorias. Muy astutamente el narrador pone la referencia al mismo en voz de un "docto agustino", cuyo sermón es una severa crítica o "rociada", como la llama Guzmán, de las costumbres mercantilistas de eclesiásticos, prelados y beneficiados:

> Dijo en general que sus tratos y costumbres fuesen como el farol en la capitana, tras quien todos caminasen y en quien llevasen la mira, sin empacharse en otros tratos ni granjerías de las que se encargaron con el voto que hicieron y obligación que firmaron en los libros de Dios, donde no puede haber mentiras ni borrones (I, 272-3).

Más adelante, Guzmán imagina a Dios escribiendo en su libro un recordatorio sobre un poderoso que abusa de los pobres: "a la margen de la cuenta deste poderoso saca Dios—como acá solemos para advertir algo un ojo, y dice luego: ¿Qué le tengo que pedir?" (I, 280). Por semejanza, el narrador reduce a Dios al oficio de logrero, codicioso de sus prendas: a"Los buenos con su bondad excluidos y desechados... les tiene Dios contados los cabellos y que ni uno se les pierda" (I, 281). Es un deudor, "obligándole a la paga" (I, 410), lo cual atemoriza al mendigo Guzmán: "temblaba entre mí cuando me tomaba la cuenta de mi vida" (I, 410).[8] Esta "justicia" divina, que hace temblar al pobre Guzmán, beneficia al poderoso, a quien Dios, mediante sus representantes en la tierra, le puede "pedir" algo. La anécdota de la viuda cuya hija única fue ultrajada por el emperador Zenón ejemplifica el modo en que trabaja este Dios usurero. La viuda, devota de la Virgen María, le pide a una imagen de ésta que castigue al canalla. "Dice que oyó una voz que le dijo: 'Ya estuvieras vengada, si las limosnas del emperador no nos hubieran atado las manos'" (I, 411). Las limosnas cargadas a la cuenta del poderoso valen más que la virginidad de la joven y la devoción de la viuda a la Virgen.[9]

Igual que las limosnas, los trabajos padecidos sirven para "comprar la bienaventuranza" (II, 462). Por eso, Guzmán considera en su discurso de conversión:

> Estos trabajos, eso que padeces y cuidado que tomas en servir a tu amo, ponlo a la cuenta de Dios. Hazle cargo aun de aquello que has de perder y recebirálo por su cuenta, bajándolo de la mala tuya. Con eso puedes comprar la gracia, que si antes no tenía precio, pues los méritos de los santos todos no acaudalaron con qué poderla comprar, hasta juntarlos con los de Cristo.... (II, 462)

Todo el famoso discurso se rinde en términso mercantiles. El pasaje citado es una burla del dogma de la Gracia y, por lo tanto, del papel histórico-teológico de Cristo, la efectividad de cuyos méritos sobre los "santos" de "antes", o sea, los profetas, jueces, reyes, etc., del Antiguo Testamento, Guzmán parece resentir, tal vez como converso.[10]

Esta actitud mercantilista que Guzmán asume ante la religión se anticipa en la historia del levantisco, converso genovés que estando preso en Argel reniega para casarse con una mora rica a la que luego abandona robándole gran cantidad de joyas y pasa a España, donde se convierte nuevamente al cristianismo para "cobrar una deuda" (I, 108-9). Se adelanta también en el comentario con que cierra el sermón del clérigo sobre la venganza, adornado con lugares bíblicos y de vidas de santos, prendas de gran valor: "Mucho quisiera tener en la memoria la buena dotrina que a este propósito me dijo, para aquí repetilla, porque toda era del cielo, finísima Escritura Sagrada. Desde entonces propuse aprovecharme della con muchas veras" (I, 165). Adulto ya, y fullero, se aprovecha no sólo de las "finísimas" palabras sino también de las obras, que confiesa a modo de lamento, hipócritamente: "¡Oh, cuantas veces, tratando de mis negocios, concertando mis mercaderías, dando mis logros, fabricando mis marañas... , el rosario en la mano, el rostro igual y con un 'en mi verdad' en la boca—por donde nunca salía—robaba públicamente de vieja costumbre" (II, 430). Ya hemos citado el pasaje en que reunía a los pobres para repartir entre ellos una mísera limosna, con lo cual "ganaba reputación para después alzarme con haciendas ajenas!" (II, 430). Toda esta confesión tiene como contexto la digresión sobre "la fuerza de la costumbre" (II, 428), con que abre el antepenúltimo capítulo de su "vida" y la narración de los acontecimientos que lo llevarán a la galera. El capítulo anterior lo concluye con otro acto de santidad fingida, la devolución de la bolsa, para engañar a "un famoso predicador, en opinión de un santo" (II, 425). Lo mismo que del mal nombre del logrero milanés, Guzmán se beneficiará económicamente del buen nombre del predicador. Ese domingo, día de Todos los Santos, "gastó la mayor parte de su sermón en mi negocio, encaraciendo aquel acto" (II, 426). Los fieles responden con limosnas y una amiga del clérigo le da empleo. Esta señora, cuyo esposo está en las Indias, expresa también una religiosidad exterior: "Pedíame algunas veces le rezase un Avemaría por la salud y suceso de su esposo. Respondíale a todo como un oráculo, con tanta mortificación, que le hacía verter lágrimas" (II, 432). Sin embargo, la murmuración de otra "santa", la "esclava blanca", pone en duda la santidad de la señora: "Mi ama jura que te ha de hacer ahorcar, porque dice que la robaste. Harto más tiene robado ella a quien tú sabes. Ya me entiendes y a buen entendedor, pocas palabras" (II, 441). La esclava, por su parte, actuaba "en son de santa para los demás y por todo extremo disoluta comigo" (II, 432). En cuanto al "santo predicador", Guzmán lo culpa, indirectamente, de su condena: "con toda la sencillez del mundo, sin creer que me dañaba, le contó / al escribano / el caso" (II, 435). No sabríamos decir si tuvo el mismo motivo que Guzmán para hacerse secerdote: "podría ser tener talento para un púlpito y, siendo de misa y buen predicador, tendré cierta la comida" (II, 364). El pícaro narrador parecería querer sembrar la duda respecto a la santidad de "Todos los Santos", en cuyo día comenzó la relación de estos "santos" fingidos. El efecto inmediato del episodio es la extensión a otros personajes de la práctica de la hipocresía religiosa. No olvidemos que estamos en la antesala de la galera, donde ocurre la "conversión" del pícaro: "traté de confesarme a menudo, reformando mi vida, limpiando mi conciencia, con que corrí algunos días" (II, 462). La voz acusadora de Soto, sin embargo, le hará difícil acreditarse como santo. Guzmán acalla esa voz delatando la conspiración dirigida por Soto. Este acto de cobardía lo pone a la cuenta de Dios, que, según el narrador, guiaba de su divina mano los negocios del galeote. El libro de memorias de Dios es manejado por los hombres, con sus actos de exhibicionismo religioso. Dios es un disfraz y escudo. En el libro del galeote, su lugar está en la escritura. La contraescritura lo niega. Santo el poderoso, el que sabe fingir, predicar, escribir.

D. Los borrones de la murmuración

En el libro borrador o de memorias que es la "vida" del Pícaro, el constante murmurar de los personajes, del narrador y hasta del narratario forma los "borrones". Aun en esto se refleja la actitud logrera del narrador, pues el murmurador lo mismo que el logrero es una especie de ladrón: "el murmurador se sustenta de la honra de su conocido" (II, 234). El "borrón" como metáfora de murmuración aparece en la historia de Daraja:

> Mostróse a don Luis muy agraviada, formando quejas, cómo en la bondad y limpieza de su vida se hubiese puesto duda, dando puerta

que con borrón semejante cada uno pensase lo que quisiese y mejor se
le antojase, pues para cualquier mala sospecha habían abierto senda
(I, 208).

De acuerdo a este pasaje, la murmuración se asemeja a los
efectos de la contraescritura de los logreros: debido a que existe
más de una versión, es imposible conocer cuál es la verdad. La
metáfora reaparece en el comentario del narrador sobre la previa
descripción de Florencia. Este comentario sobre los vicios de los
florentinos se funda en una murmuración de Sayavedra:
"Conocí ser verdad lo que me había referido Sayavedra sobre los
ánimos encontrados" (II, 153). La crítica, breve pero eficaz,
destruye todo lo positivo que acabara de decir sobre la ciudad.
La descripción "turística" de Florencia es transformada *a
posteriori* en una pintura, un artefacto, desengañando al lector
que la hubiera tomado como una descripción objetiva de la
ciudad real: "Quédese aquí esto, que, pues con tanta perfeción se
ha pintado una ciudad tan ilustre y generosa, no ha sido buena
consideración haberla tiznado con un borrón tan feo" (II, 154).
Al principio de la segunda parte, en tono penitencial, el narrador
confiesa lo que podríamos considerar la condición del
murmurador: "como soy malo, nada juzgo por bueno: tal es mi
desventura y de semejantes. Convierto las violetas en ponzoña,
pongo en la nieve manchas, maltrato y sobajo con el
pensamiento la fresca rosa" (II, 35-6). La hiena es símbolo del
murmurador: "se sustenta desenterrando cuerpos muertos" (I,
100).

Frecuentemente ligada a la venganza, la murmuración es
también uno de los móviles de la intriga. El carácter vengativo
del protagonista se cultiva en casa del Cardenal, donde aterroriza
al secretario, que lo prefiere como amigo, porque "lo tengo por
tal, que buscará sabandijas que me coman" (I, 440). En la
galera, si Soto hubiera sido tan prudente como el secretario, no
se hubiera embarcado en la serie de agravios y venganzas que
culminan con su muerte y la libertad provisional de Guzmán.

A lo largo de su "vida", Guzmán es víctima de los
murmuradores. Dos casos sobresalientes se dan en Roma, al
servicio del Embajador, y en la galera, al servicio del cómitre y

del caballero. En ambos casos, la práctica de la homosexualidad se sugiere como una de las causas de la murmuración y la conversión se usa para acallarla.[11] Tanto el Embajador como el cómitre son "ángeles de la guarda" que Guzmán compra con "lo más difícil de enajenar" (I, 115), "las prendas de mayor estimación" (II, 59), las que Dios le dio "para las impertinentes necesidades del cuerpo" (I, 115), "lo de atrás" (II, 462).[12] Esta "desdicha" la hereda de su padre elegido: "¿Veis cómo aun las desdichas vienen por herencia?" (II, 60). En el caso del Embajador, Guzmán se justifica diciendo que "si lo hacía, era por asentar con mi amo la privanza y no con fin de alborotar su flaqueza" (II, 59).[13] De todas maneras, "por ativa o por pasiva" lo ultrajaban "con veras" (II, 61). La murmuración es, en casos semejantes, inevitable, según indica al referirse a la "bajeza" de su padre:

> el que diere con la codicia en semejante bajeza, será de mil uno, mal nacido y de viles pensamientos; y no le quieres mayor mal ni desventura: consigo lleva el castigo, pues anda señalado con el dedo. Es murmurado de los hombres, aborrecido de los ángeles, en público y secreto vituperado de todos (I, 115).

Al principio, Guzmán rechaza la alternativa de la "conversión" como medio de acallar las voces; prefería disimular que no se corría para no "tratar de la emienda" (II, 62). El suceso del cerdo lo hará reconsiderar, pues la murmuración corre por toda Roma: "Ya, como novedad, por aquellos días no se trataba otra cosa en toda Roma. Mi yerro era su cuento y mi suciedad la salsa de sus conversaciones" (II, 114).[14]Entonces, por su bien y el del Embajador, opta por la "emienda". En vez de salir, se queda en su aposento "leyendo libros, tañendo, parlando con otros amigos" (II, 117). Este cambio externo produce consecuencias favorables: "se causó en los de casa nuevo respeto, en los de fuera silencio y en mí otra diferente vida. Ya se caían las murmuraciones. Ya se olvidaban con el ausencia mis cosas, como si no hubieran sido" (II, 117). Esta situación en Roma parece anticipar la de la galera, donde Guzmán no pierde tiempo buscándose un protector:

Como considerase que dondequiera que un hombre se halle tiene forzosa necesidad para sus ocasiones de algún ángel de guarda, puse los ojos en quien pudiera serlo mío y, después de muy bien considerado, no hallé cosa que tan a cuento me viniese como el cómitre, por más mi dueño (II, 454).

La murmuración no se hace esperar, pues "como era tan privado del cómitre" (II, 458), no lo obligaban a trabajar como a los demás, aunque a veces simulaba remar por no "dar ocasión a murmuración" (II, 458). Como antes en Roma, allí se "emienda", "reformando mi vida" (II, 462). Pero esta vez no consigue ni respeto ni silencio: "por lo de atrás mal indiciado, no me creyeron jamás" (II, 462). Soto, a quien Guzmán contara sus "cosas y embelecos" (II, 467), encarna "la mala voz". Tal vez por celos, se convierte en el "cuchillo" (II, 467) de Guzmán desacreditándolo ante su nuevo "ángel", el caballero pariente del capitán, de quien Guzmán esperaba "alcanzar algún tiempo libertad" (II, 467). Mas el caballero "se recelaba de mí que no las tenía todas cabales, por la mala voz con que Soto me publicaba" (II, 468). Con la desaparición del trencellín, por cuyo robo Guzmán es culpado, "Soto, luego pasó la palabra, que le oyeron decir que yo con la privanza lo habría hurtado y quería dar a los otros la culpa por quedarme con él" (II, 471). A Guzmán lo azotan y lo envían a la corulla; mas pronto los papeles se truecan. Soto mismo convierte a Guzmán en su "cuchillo", esta vez fatal, al revelarle la conspiración. El cuchillo hiere a manera de delación, una forma de murmurar. Soto pierde la vida. Guzmán logra la libertad.

También en las narraciones intercaladas la murmuración y la venganza se usan como móviles de la intriga. Ejemplar es el "caso de una mujer que mostró bien serlo" (II, 252). La protagonista, una viuda, "como sintiese discretamente los peligros a que su poca edad la dejaba dispuesta cerca de la común y general murmuración" (II, 252), determina casarse con uno de dos pretendientes. El rechazado decide deshonrarla fingiendo, dos veces, que salía, temprano en la mañana, de casa de la viuda, con lo cual "quedó tan público el negocio y tan infamada la señora, que ya no se hablaba de otra cosa ni había quien lo ignorase en todo el pueblo" (II, 253). La dama comprendió "que ya no era en algún modo poderosa para quitar de su honor un borrón tan feo" (II, 254). Opta por la venganza. Se casa con su difamador y, dormido, lo degüella, tras lo cual "se fue al monasterio, donde luego recibió el hábito y fue monja" (II, 255).

Además de servir como móvil de la intriga, la murmuración se emplea como técnica narrativa en la historia de Dorido y Clorinia, introducida por un ciudadano napolitano a manera de chisme o noticia del momento en el comedor del Embajador: "Vengo a contar... el caso más atroz y de admiración que se ha visto en nuestros tiempos, que hoy ha sucedido en Roma" (I, 459). Lo más curioso del "caso" es que el relatarla César es consecuencia del desenlace de la historia. Dorido, que no tenía intención de casarse con Clorinia, la expone a ser murmurada y, por lo tanto, deshonrada, al entrevistarse de noche junto a la pared de la casa de la joven, que da a la calle. Además de otros dos jóvenes, Oracio, que sí quería casarse, se entera de dichas citas. Rencoroso por el rechazo, le corta el brazo a Clorinia, exponiéndola también a la deshonra cuando el caso trascienda. El peligro desaparece cuando Dorido, para vengar a Clorinia, se casa con ella. Lo irónico es que por obra de Dorido el caso se publica. Antes, todo se mantiene oculto: tanto, que Oracio, "confiado en el secreto con que cometió el delito y que ni en la ciudad ni vecindad se hablaba ni entendía palabra,... no se recelaba" (I, 471-72). De ello se aprovecha Dorido para matarlo, también muy en secreto. Mas luego exhibe la prueba del delito—no el suyo ni el de Oracio, sino el de Clorinia—por medio del cadáver de Oracio y de un soneto. Cadáver y soneto son los murmuradores del caso: "Esta madrugada lo trujo antes de amanecer delante de sí en la silla de un caballo y, poniendo un palo en el agujero donde cometió el delito, lo dejó ahorcado dél y con una cinta las dos manos atadas al cuello y por dogal un soneto" (I, 472). Dorido huye de Roma. Clorinia, "hoy que amaneció este espectáculo" (I, 472), muere, diríase que a consecuencia del espectáculo. Dorido logra deshonrarla de un modo imprevisto: no como amante, sino como esposo. El soneto menciona por su nombre a la muchacha y da noticia del triángulo amoroso. Constituye en sí una murmuración. Gracias a él, se estará contando en toda Roma, lo mismo que en casa del Embajador, el "caso atroz".

La anécdota sobre las conciencias trocadas de los genoveses, que constituye en sí una murmuración sobre éstos, se introduce mediante una murmuración tocante a toda Italia: "Y aunque dicen que en materia de crueldad Italia" (I, 400), seguida por otra respecto a los genoveses: "Diciéndose déstos" (I, 400). En tal contexto, hasta un refrán suena a murmuración: "dicen que quien descubre la alcabala, ése la paga" (I, 400). Este refrán no se aplica sólo a los tratantes sino a los genoveses en general: "que no se dijo por ellos" (I, 401). Finalmente, se cuenta la anécdota, que el narrador luego extiende a los españoles: "Uno dijo que no; que de más atrás corría" (I, 401).

También la anécdota acerca de Malagón se introduce mediante una murmuración. Cuando los criados echan de menos la bota, uno dice maliciosamente: "me parece que nos la hurtaron por sacar adelante la fama deste pueblo" (I, 345). Entonces, Guzmán tuvo "deseos de saber qué origen tuvo aquella mala voz" (I, 345). El narrador elegido, Andrés, cuenta lo que "muchas veces me han dicho de muchas maneras y cada uno de la suya" (I, 346). Su versión corrige la "mala voz" de que "en Malagón en cada casa un ladrón", pues originalmente se refería no a los habitantes sino a los soldados allí alojados. Sin embargo, aclarado el malentendido, Andrés, a la manera guzmaniana, le pone el borrón a su pintura:

> Este fue el origen verdadero de la falsa fama que le ponen por no saber el fundamento della. Y es injuria notoria en nuestro tiempo, porque en todo este camino dudo se haga otro mejor hospedaje ni de gente más comedida, cada una en su trato. También podré decir que habemos visto en él hurtos calificados de mucha importancia (I, 347).

Guzmán emplea la murmuración como técnica narrativa, además de en las narraciones intercaladas que hemos mencionado, en la narración principal. Los primeros dos capítulos, en que cuenta quiénes fueron sus padres, se estructuran a base de murmuraciones. Consciente de que el narratario es amante de ellas lo invita a escuchar "cosas que ...

te serán de no pequeño gusto" (I, 99). Al comenzar contando la historia de sus padres lo que hace, según alega, es prevenirse de posibles murmuraciones de "cualquier terminista acusando de mal latín, redarguyéndome de pecado, porque no procedí de la difinición a lo difinido" (I, 99). Guzmán se constituye en "coronista" del levantisco, en "hiena que se sustenta desenterrando cuerpos muertos" (I, 100), alegando que expresa "el puro y verdadero texto, con que desmentiré las glosas que sobre él se han hecho" (I, 101), formadas debido a que "cada vez que alguno algo della cuenta, lo multiplica con los ceros de su antojo, una vez más y nunca menos, como acude la vena y se le pone en capricho" (I, 101). El caso es que Guzmán se convierte en cronista no del "texto" sino de las "glosas", acumulándolas, multiplicándolas, haciendo lo que recrimina a los demás:

> De tres han hecho trece y de los trece, trecientos; porque a todos les parece añadir algo más y destos algos han hecho un mucho que no tiene fondo ni se le halla suelo, reforzándose unas a otras añadiduras: y lo que en singular cada una no prestaba, muchas juntas hacen daño (I, 104).

El "mucho" que hace Guzmán de la vida del levantisco se basa en la repetición de las murmuraciones: dice lo que dicen, añadiendo y alardeando, lo mismo que el hombre que,"si se le ofrece propósito para cuadrar su cuento, deshará las pirámidas de Egipto, haciendo de la pulga gigante, de la presunción evidencia, de lo oído visto y sciencia de la opinión, sólo por florear su elocuencia y acreditar su discreción" (I, 101-2). Curiosamente, el resultado, el retrato de un ser infame, será el modelo en que basará Guzmán su propia "vida".[15]

Uno de los juegos narrativos más interesantes en el *Guzmán* se basa en la murmuración y la venganza. Ocurre cuando los límites entre el nivel del autor real (Alemán) y el del narrador confluyen, convirtiendo la segunda parte apócrifa en una murmuración contra el protagonista original:

> una sola / vida / he vivido y la que me achacan es testimonio que me levantan.
>
> La verdadera mía iré prosiguiendo, aunque más me vayan

persiguiendo. Y no faltará otro Gil para la tercera parte, que me arguya como en la segunda de lo que nunca hice, dije ni pensé. Lo que le suplico es que no tome tema ni tanta cólera conmigo, que me ahorque por su gusto (II, 42-3).

Esta acusación aparece nuevamente, esta vez dramatizada en la locura de Sayavedra, que en este caso representa a Mateo Luján de Sayavedra (Juan Martí) y a su Guzmán: "no las llevaba conmigo todas, porque iba repitiendo mi vida, lo que della yo le había contado, componiendo de allí mil romerías" (II, 274). En otras palabras, lo que añade Martí de su cosecha es los múltiples viajes que hace dar a su personaje. En las andanzas de Guzmán con Sayavedra, Alemán re-escribe lo escrito por Martí. En el suicidio de Sayavedra, que ya aclaramos alude a Martí y a su personaje, Alemán y Guzmán narrador se vengan del robo (de la segunda parte y de los baúles) de que fueron víctimas.[16] En la "vida" o libro borrador del Pícaro, nadie queda a deber nada.

E. La atalaya-tienda

El empleo más importante de la murmuración como elemento del texto narrativo ocurre en los tan discutidos comentarios digresivos, los cuales al nivel de la escritura deben proyectar un Guzmán reformado, preocupado por el bien moral de la humanidad y al nivel de la contraescritura un Guzmán resentido, que busca vengarse de la humanidad, reduciéndola a su estatura, la del pícaro. Si en la escritura las vende como "dotrinas", en la contraescritura las lanza como pedradas. En la "Declaración", Alemán nos adelanta que las "dotrinas" están de acuerdo con la caracterización del protagonista-narrador, educado, experimentado e ingenioso. Por su parte, Guzmán nos informa que los comentarios son una práctica "común y general" de los narradores. Cuando recitan o refieren algo, "quilatan con su estimación las cosas", no "dicen la cosa si no la comentan como más viene a cuento a cada uno" (I, 104). Guzmán confiesa la misma práctica en un pasaje en que nuevamente la voz de Alemán confluye con la del narrador: "nunca quise hacer plaza de mis trabajos ni publicarlos con puntualidad. A unos decía uno y a otros otro, y a ninguno sin su

comento'' (II, 114). Los "comentos" son oportunos para
encaminar la narración hacia algún fin y para que el narrador se
cree una identidad favorable ante el narratario. En palabras de
Guzmán, el que cuenta, "estira", "lima y pule" lo que cuenta,
"levantando de punto lo que se le antoja, graduando, como
conde palatino, al necio de sabio, al feo de hermoso y al cobarde
de valiente" (I, 104). Con el narratario, Guzmán pretende hacer
lo que con "algunos": "Quise ser para con algunos mártir y para
con otros confesor" (II, 114).

El Pícaro narrador aprovecha este elemento estructural de los
"comentos", común a toda narración por más simple que ésta
sea, y lo eleva a un primer plano junto con el discurso
exclusivamente narrativo. Mediante la acumulación de
"comentos", levanta una estructura, la atalaya desde la cual
pretende predicar; tras la apariencia de púlpito, se oculta la torre
de ataque y defensa, el corrillo de murmuración y la tienda de
mercaderías. Las piedras del edificio, las "dotrinas", son en
realidad murmuraciones, piedras de ataque. Dentro del libro de
memorias de Guzmán, las continuas represiones corresponden
a la operación de resta, siendo el resultado final la degradación o
reducción de todos los hombres a pícaros, satisfaciendo así el
deseo de venganza del narrador. El narratario, y con él, la
humanidad entera, aparece como deudor en el libro de cuentas
del "hijo de ninguno".

La imagen del edificio aparece unida a la del predicador y a la
alegada intención didáctico-moral del narrador:

> como el fin que llevo es fabricar un hombre perfeto, siempre que hallo
> piedras para el edificio, las voy amontonando. Son mi centro aquestas
> ocasiones y camino con ellas a él. Quédese aquí esta carga, que, si
> alcanzare a el tiempo, yo volveré por ella y no será tarde (II, 114).

El subtítulo, *Atalaya de la vida humana*, sugiere la imagen de la
torre desde la cual se vigila, la atalaya, para el libro, "la vida",
del predicador galeote reformado, el atalaya. Si el "edificio" es
el "hombre perfecto" que Guzmán quiere fabricar, se refiere
entonces a la humanidad en general, cuyo representante es el
narratario en sus múltiples transformaciones. *Atalaya de la vida
humana* es un triple edificio: el narratario, representante del

hombre, a quien el narrador aspira a perfeccionar con sus reprensiones, el protagonista, a quien el narrador pretende "reformar" y presentar reformado ya en su oficio de narrador-vigía de la humanidad, el atalaya, y finalmente, el libro, suma de "comentos", la atalaya. La narración es un viaje que el narrador aprovecha para recoger y amontonar piedras, como vimos en la cita anterior. Lo mismo que el protagonista camina entre dificultades, el narrador, al narrar, va "caminando por estos pedregales y malezas" (II, 35). Como la flaca condición humana es una enorme tentación para el Pícaro, no puede evitar tirarles: "quiero dejar las / vidas / ajenas; mas no sé si podré, poniéndome los cabes de paleta, dejar de tiralles: que no hay hombre cuerdo a caballo" (I, 151). Las piedras para la construcción son convertidas en municiones por la inclinación irracional de "tiralles" a los hombres. Esas piedras amontonadas parecen significar resentimiento acumulado. Esto es lo que aparta sus "comentos" del sermón, pues no es el amor sino el odio lo que los motiva, un deseo ciego de venganza:

> Hablando voy a ciegas y dirásme muy bien que estoy muy cerca de hablar a tontas, pues arronjo la piedra sin saber adónde podrá dar, y diréte a esto lo que decía un loco, que arronjaba cantos. Cuando alguno tiraba, daba voces diciendo: ¡Guarda, aho!, ¡guarda, aho!, todos me la deben, dé donde diere (II, 35).

El Guzmán atalaya no es el predicador, sino el salteador que, desde la alta posición en que se coloca, acecha.[17] Es el ladrón de honras, el murmurador; por eso, al acumular o sumar comentos está realizando otra operación matemática, la substracción: "el murmurador se sustenta de la honra de su conocido" (II, 234), aunque sea sin provecho aparente: "¿Un murmurador sin provecho, que, pensando hacer en sí, deshace a los otros y escarba la gallina siempre por su mal. Son los murmuradores como los ladrones y fulleros" (II, 233).[18] Su provecho es la venganza, al rebajar a la humanidad que lo ha rebajado. Desde el principio, Guzmán nos informa sobre su empleo de la murmuración como procedimiento narrativo disfrazada de comentario edificante. Como en tantas ocasiones, no lo hace directamente, sino por boca del narratario murmurador:

"temerariamente me darás mil atributos; que será el menor dellos tonto o necio, porque, no guardando mis faltas, mejor descubriré las ajenas" (I, 101). Este descubridor de faltas ajenas equivale al "enemigo" que él mismo define como "una atalaya que con cien ojos vela, como el dragón sobre la torre de su malicia, para juzgar desde muy lejos nuestras obras" (I, 295). La *Atalaya de la vida humana* es, entonces, la torre de la malicia del pícaro narrador.

Siendo el narratario murmurador, la torre y la labor de vigía de Guzmán, la atalaya y el atalaya, sirven no sólo para el ataque, sino también para la defensa, actitud que aprende a través de su vida, en que es continuamente víctima de la acechanza. Por eso, aconseja ser como el dragón: "El que tuviere tiempo, no aguarde otro mejor ni esté tan confiado de sí, que deje de velar sobre sí con muchos ojos. Porque de lo que le pareciere tener mayor seguridad, en lo mismo ha de hallar un *Martinus contra*, que es lo que solemos decir: 'un Gil que nos persiga'" (II, 342-43). En este sentido, la atalaya representa la prudencia, el "seguro" contra la acechanza, según sugiere el emblema de la araña y la culebra:

> Todos y cada uno por sus fines quieren usar del engaño, contra el seguro dél, como lo declara una empresa, significada por una culebra dormida y una araña, que baja secretamente para morderla en la cerviz y matarla, cuya letra dice: "No hay prudencia que resista al engaño". Es disparate pensar que pueda el prudente prevenir a quien le acecha (II, 121-22).

En la galera, desde donde escribe, Guzmán experimentó la mordedura de la araña, personificada en Soto: "Pobre de mí—dije—, ya no sé qué hacer ni cómo poderme guardar de traidores. Hacía cuanto podía y era en mi mano, velando con cien ojos encima de cada niñería, y nada bastó" (II, 471-72). Mas téngase en cuenta que es Guzmán quien, al final, vence, perdiendo Soto la vida. El narrador, igual que el protagonista, sabiendo que "todos vivimos en acechanza los unos de los otros" (I, 286), inclusive el narratario, mantiene los ojos abiertos y la doble actitud de culebra, prudente, y araña, agresor. Su pretendida actitud defensiva frente al narratario es en realidad un ataque: "No te pongas, ¡oh tú de malas entrañas!, en acecho, que ya te veo" (I, 411). Para prevenir los ataques de algún narratario "terminista", cierra todos los "portillos" de la nave-atalaya (I, 99). Lo mismo aconseja a todos: "lo que él murmura del otro, cierre la puerta para que el otro no lo murmure dél. A todos conviene dormir en un pie, como la grulla" (I, 301). Como español y, según él, descendiente de genoveses, se le puede aplicar lo que censura a sus compatriotas, que "olvidados de sí, se desvelan en lo que no les toca: la conciencia del otro reprehenden, solicitan y censuran" (I, 401).[19] Murmurar conlleva un resultado positivo para el que murmura: "¿Cómo descubriré al otro su falta, para que quien oyere que murmuro piense que yo no la tengo?" (I, 405). Mas tiene un inconveniente: "¿A qué corrillos iré, que yo sea el gallo y en saliendo dellos no me murmuren, como hice de los otros?" (I, 405). Guzmán halla la solución creando su propio "corrillo", la *Atalaya*, donde, al cerrar los "portillos", halla su "seguro". El narratario, reducido a igual, no atacará: "A mí me parece que son todos los hombres como yo, flacos, fáciles, con pasiones naturales y aun estrañas.... Como soy malo, nada juzgo por bueno: tal es mi desventura y de semejantes" (II, 35). Incluso se sugiere como inferior: "Que hombre mortal eres como yo, y por ventura no más fuerte ni de mayor maña" (II, 38). Lo que pretende el narrador con sus comentos es desarmar al narratario (la humanidad), incapacitarlo como censor del galeote-escritor que aspira a la libertad y reingresar en la sociedad que reduce a su igual. La advertencia del narrador contra la hipocresía de los "hombres deslenguados", puede aplicarse a él mismo, pícaro disfrazado de predicador: "Derrenegad siempre de unos hombres como unos perales enjutos, magros, altos y desvaídos, que se les cae la cabeza para fingirse santos" (II, 234). La "santidad" escuda, a la vez que da libertad de acción y de palabra.

La resta de las virtudes humanas produce la gran suma de vicios que es la *Atalaya de la vida humana*, que el galeote escribe aprovechando la ociosidad de la galera. Precisamente, lo que de la ociosidad dice Guzmán se puede decir de su libro: "silo en que se recogen todos los vicios" (I, 305). Semejante opinión expresa Alonso de Barros sobre el protagonista "hijo del ocio", "tan parecido a su padre, que com lo es él de todos los vicios, así éste vino a ser un centro y abismo de todos" (I, 90-91). De modo que también Guzmán, lo mismo que su obra, es un cúmulo de vicios. El hecho de que se disfrace a sí mismo de predicador y a sus vicios de reprensiones, hace que él y su libro de "sermones", la *Atalaya*, sean edificios falsos, como el logrero y su libro borrador (II, 332-33). Las piedras que amontona, aunque les eche "un poco de oro" y las cubra "por encima con algo, que bien parezca/n/" (II, 338), son "piedras al parecer, de mucha estima, y debajo están llenas de alacranes" (I, 147). Son falsas, como las que le dejó al "tío" genovés (II, 261-70).[20] Con estas piedras, construye su "pantaura", "reina de todas las piedras", la cual "trae todas las piedras, preservando de todo mortal veneno a quien consigo la tiene" (II, 297), la *Atalaya*. Con estas piedras *trata* el narrador, lo mismo que el protagonista con las que les robó a sus parientes: "Híceme tratante con aquellas piedras" (II, 329). Aun cuando sean "piedras preciosas", "finísima escritura", "verdades", mantiene su actitud de logrero: *trata* con ellas para acreditarse como virtuoso. A veces, se enoja con el narratario, que no le agradece las doctrinas, como en el caso de la "señora doña Fulana", que se ha impacientado con la larga digresión sobre las contraescrituras: "como verdaderamente son verdades las que trato" (II, 338). El topos de la nave y el viaje propicia la imagen de la tienda de doctrinas:

> Ya, pues aquí he llegado sin persarlo y en ese puerto aporté, quiero sacar el mostrador y poner la tienda de mis mercaderías, como lo acostumbran los aljemifaos o merceros que andan de pueblo en pueblo: aquí las ponen hoy, allí mañana, sin hacer asiento en alguna parte y, cuando tienen vendido, vuélvense a su tierra. Vendamos aquí algo desta buena hacienda, saquemos a plaza las intenciones de algunos matrimonios (II, 348).[21]

La *Atalaya* es una tienda de piedras, falsas por la intención con que son empleadas en el libro de memorias del resentido pícaro, que se cobra "el debe y ha de haber" reduciendo la humanidad entera a su imagen y semejanza. Junto al edificio de su "vida", en que recoge sus vicios levanta el edificio de la vida humana, en que recoge los vicios de la humanidad: "no guardando mis faltas, mejor descubriré las ajenas" (I, 101). Como escritor, Guzmán debe *vender* el producto final, su libro, a esa humanidad: "porque con la purga no hagas ascos..., echémosle un poco de oro, cubrámosla por encima con algo que bien parezca" (II, 338), le dice al narratario hastiado por una digresión; y se vuelve al cuento. Esto nos da a entender que la "vida" de Guzmán está en función de la humana; es el "oro" con que disimula la "purga". Según el protagonista de *La vida de Guzmán de Alfarache* es un pícaro, el de *Atalaya de la vida humana* es otro: la humanidad. Cuando ésta se irrita oyendo su propia historia, exige al otro que cuente la suya. Pero una es espejo de la otra.

Notas

[1]Ver el citado libro de Benito Brancaforte, *Degradación*, pp. 66-69, para un análisis detallado del discurso de conversión.

[2]Igualmente falsa es la cuenta que rinden los demás personajes: Ozmín (I, 202, 229-32), Daraja (I, 210-11), Sayavedra (II, 190-205), y el chico de Toledo, cuyo relato se sobreentiende en este comentario de Guzmán: "Ya nos habíamos de antes hablado y tratado, pidiéndonos cuenta de nuestros viajes, de dónde y quiénes éramos. El me lo negó; yo no se lo confesé, que por mis mentiras conocí que me las decía: con esto nos pagamos" (I, 326).

[3]La inclinación a "dar malas cuentas", no sólo de su vida, sino también de la hacienda ajena, lo lleva a la cárcel y de allí a la galera: "Acudieron a la cárcel a pedirme cuenta. Dila tan mala, como se puede presumir de quien sólo cobraba y nunca pagaba. No hay tales cuentas, como las en que se reza" (II, 434).

[4]El mismo sentido parecen tener algunos de los versos satíricos de Quevedo. Por ejemplo, en la sátira sobre los "Riesgos del matrimonio en los ruines casados", tras decir que la mujer *goza* un tipo de hombre que sea diferente a su marido, "Quiero callar: que temo que te corras". El romance en que "Envía una yegua a descansar al Prado" termina: "En cuanto a correr,/ me han dicho,/ que corréis como una mona/ a quien encima lleváis". Y en el "Romance burlesco": "Los necios y las cortinas/ se corren en nuestra España". Véase Francisco de Quevedo, *Poesía original*, I ed. José Manuel Blecua, Barcelona: Planeta, 1971, pp. 661, 911 y 1077 respectivamente.

[5]Ver María Moliner, *Diccionario de uso del español*, Madrid: Gredos, 1973, tomo 2, p. 991.

[6]Nótese cómo el astuto narrador que transforma "hice mi cuenta" en "hice mi consideración", transforma "descubríle" en "descubrióse", tratando de reducir su responsabilidad en la delación. Hemos visto dos ediciones que escriben "descubríle": *Primera, y segunda parte de la vida, y hechos del pícaro Guzmán de Alfarache* (Madrid: Imprenta de Lorenzo Francisco Mojados, 1750), p. 529, y *Guzmán de Alfarache*, "Introducción" de Amancio Bolaño e Isla (México: Porrúa, 1976), p. 407. James Mabbe traduce "descubríle": "the Captaine forthwith commanded me to come before him, where, in his presence, I revealed unto him this their conspiracy", *The Rogue or The Life of Guzmán de Alfarache* (Londres: Constable and Coc., Ltd. y Nueva York: Alfred A. Knopf, 1924), p. 351. La traducción de Mabbe es de 1623. Obsérvese también cómo el narrador pone la verdad en boca de otro, el capitán, que adivina el verdadero motivo de la delación.

[7]Suponiendo que Guzmán aprovecha la espera de la cédula real para

escribir su "vida", es razonable pensar que su pretendida conversión, la cual sirve de base a su actitud de predicador, tiene como fin asegurar el logro de dicha libertad. Por eso, el discurso de conversión resulta tan obviamente "acomodado" o, en palabras de Benito Brancaforte, "pegadizo" (*Degradación*, p. 66.). La labor del narrador es continuación de la del protagonista.

[8]No uno sino dos clérigos tratantes encuentra Guzmán al comienzo de su peregrinación que "habían venido a Sevilla con cierto pleito" (I, 157). Desde la soledad de su cama, Guzmán extiende la cuenta del agustino a todos los hombres: "fui recapacitando mi sermón pieza por pieza.... tocaba en común a todos,... aun a mí me toca y yo soy alguien: ¡cuenta se hace de mí!... Ten cuenta con tu conciencia" (I, 273-74). En el capítulo 4 veremos las consecuencias narrativas del sermón del agustino y del pasaje evangélico en que se basa.

[9]El negocio de la caridad, en que los pobres sirven para que los ricos compren la vida eterna ("Es al rico instrumento para comprar la bienaventuranza por medio de la caridad", I, 393) es ejemplificado al nivel de la intriga principal por el caballero que entra a visitar al Cardenal y al ver en el portal a Guzmán le da "lo que llevaba". Guzmán quedó fuera de sí, "tanto de la limosna como de ver cuál iba levantando los ojos" (I, 393), como en las pinturas de santos, pensaríamos; pero el mismo Guzmán nos desengaña. Se lo imagina hablándole a Dios, recordándole el trato. Y concluye con una de sus frases ambiguas: "aquél sabía verdaderamente granjear los talentos, que no considerando a quién lo daba, sino por quién lo daba.... Estos tales ganaban por su caridad el cielo por nuestra mano y nosotros lo perdíamos por la dellos" (I, 394). El caballero no da la limosna por Guzmán ni por Dios, sino por él mismo. En el parlamento que el pícaro imagina en la mente del caballero hay una mordaz condena del injusto sistema social de la época: "¡Bendígante, Señor, los ángeles y tus cortesanos del cielo, todos los espíritus le alaben, pues los hombres no saben y son rudos; que no siendo yo de mejor metal y no sé si de mejor sangre que aquél, yo dormí en cama y él queda desnudo, yo rico y él necesitado; yo sano, él enfermo, yo admitido y él despreciado" (I, 394). Nótese que a pesar de la limosna Guzmán "queda" como antes: despreciado; mientras que el caballero, por la limosna "va" "admitido". Además de todos los bienes materiales, el rico, a través de éstos, puede alcanzar la bienaventuranza: "¡Sálveme, Señor, por tu sangre!, que ésa será mi verdadera riqueza, tenerte a ti, y sin ti no tengo nada" (I, 394). La corte celestial es reflejo de la terrenal: sólo los que pueden pagar son admitidos. Inclusive tiene un lenguaje: "Si habemos de hablar en lenguaje rústico, regulando el cortesano celestial" (I, 280).

[10]Sobre la importancia del linaje converso y el resentimiento de Guzmán como tal, referimos al citado estudio de Brancaforte, *Degradación*, pp. 163-76.

[11]Benito Brancaforte estudia el tema de la homosexualidad en el *Guzmán* en su libro *Degradación*, pp. 60-65.

[12]Respecto al "ángel de la guarda", ver I, 115 y II, 200 y 454.

[13]Al Embajador le proveía además, mujeres. El levantisco fue alcahuete de Marcela y Guzmán de Gracia y del Embajador: "Yo me confieso por instrumento de sus excesos" (II, 58). Parece ser que en esa época, igual que en todas, era creencia general que el exceso sexual no discriminaba en cuanto al sexo del objeto.

[14]La frecuencia con que se alude al suceso entre las páginas 96 a 114 hace "palpable" la idea de que la murmuración corre por toda Roma: "Parecióme que ya toda Roma sabía de mi desdicha" (II, 96), "Levantéme muy bien puesto de lodo, silbado de la gente, afrentado de todo Roma,... Dábanme tanta grita" (II, 98), "Como los que vieron mi desgracia no fueron pocos y ésos estuvieron detenidos refiriéndola en corrillos a los que venían de nuevo" (II, 100), "me perseguían con grita" (II, 100), "Lo que me atribulaba mucho era verme ladrado de perros" (II, 102), "el mal nombre que tenía en toda Roma" (II, 103).

[15]Básicamente, éstas son las "flaquezas" del levantisco, que Guzmán repetirá en su propia historia magnificándolas: 1) logrero: "Era su trato el ordinario de aquella tierra.... Hasta en esto lo persiguieron, infamándolo de logrero. Muchas veces lo oyó a sus oídos" (I, 106), 2) santurrón o religioso hipócrita: "Arguyéronle maldicientes que estaba de aquella manera rezando para no oír, y el sombrero alto para no ver" (I, 108), 3) comprador de la justicia: "Vuelvo a lo que más le achacaron: que estuvo preso por lo que tú dices o a ti te dijeron, que por ser hombre rico y—como dicen—el pobre alcalde y compadre el escribano, se libró; que hartos indicios hubo para ser castigado" (I, 110-11), y 4) afeminado: "Ya oigo al murmurador diciendo la mala voz que tuvo: rizarse, afeitarse y otras cosas que callo" (I, 117); "Mi padre nos amó con tantas veras como lo dirán sus obras, pues tropelló con este amor la idolatría del qué dirán, la común opinión, la voz popular que no le sabían otro nombre sino *la comendadora,* y así respondía por él como si tuviera colada la encomienda" (I, 136).

[16]Remitimos nuevamente a la "Introducción" de Benito Brancaforte a su edición del *Guzmán*, en especial al apartado "Mateo Alemán y el Guzmán apócrifo", I, 51-64.

[17]Véase el artículo de Hilary S. D. Smith, "The *Pícaro* Turns Preacher: Guzmán de Alfarache's Missed Vocation", *Forum for Modern Language Studies*, 14 (1978), pp. 387-97, que concluye diciendo que "Guzmán's priestly and preacherly role may well strike us as slightly sinister" (p. 395). En lenguaje de germanía, "atalaya" significa "ladrón". Ver Julio Casares, *Diccionario ideológico de la lengua española* (Barcelona: Gustavo Gili, 1979).

[18]Guzmán inicia la segunda parte cerrando nuevamente los portillos contra la murmuración y advirtiendo al narratario contra los santurrones y los maldicientes en un cuadro de tintes tétricos. Mientras que los primeros son "animalazos fieros" que se fingen compasivos y "despedazan cruelmente nuestras carnes", los segundos son "otro género de fieras" que van por el

mundo "desempedrando calles" y sólo sirven "de meter carga para sacar carga, llevando y trayendo mentiras, aportando nuevas, parlando chismes, levantando testimonios, poniendo disensiones, quitando las honras, infamando buenos, persiguiendo justos, robando haciendas, matando y martirizando inocentes" (II, 39).

[19]El pasaje continúa con un consejo al narratario en el que Guzmán revela el empleo de la represión para ocultar vicios propios: "No disimules tu logro, diciendo: 'fulano es mayor logrero'. No hurtes y te consueles o disculpes con que el otro es mayor ladrón" (I, 401).

[20]Si nos fijamos en algunos de los nombres que Guzmán da a sus "dotrinas", nos daremos cuenta del poco respeto que les tiene. Ya mencionamos el de "mercaderías", refiriéndose a su "sermón" (II, 357) sobre las intenciones de algunos matrimonios (II, 348-57). En el largo soliloquio sobre la honra las llama "ladridos": "Estos ladridos a mejores perros tocan" (I, 276): en el que dedica a las amas, "barajadura" y "repelón": "Amas dije. ¿No sería bueno darles una razonable barajadura o siquiera un repelón?" (II, 375); "aldabadas" en el de los ladrones (II, 237); "bachillerías" y "disparates" en el de la justicia (II, 168). En el sermón del docto agustino, éste dio "una rociada por los eclesiásticos, prelados y beneficiados" (I, 272). Recuérdese la "rociada" con que el asno de la Creación "hizo a el mundo immundo" (II, 69-70).

[21]La digresión sobre las intenciones de algunos matrimonios, que contiene la crítica contra la literatura amorosa, sigue a la digresión sobre las contraescrituras. El capítulo trata sobre el primer matrimonio de Guzmán con la hija del logrero madrileño. De este modo, el narrador nos está diciendo que dicho matrimonio fue un negocio.

Capítulo III: El gracioso y el escritor

> "Todo será necesario para mover los ánimos y
> volverlos compasivos."

1. La poética de los afectos

Edmond Cros, en su libro *Protée et le Geux*, destaca la deuda del *Guzmán* con la estética retórica.[1] Ya Alemán le había advertido al lector que "nuestro pícaro" fue "muy buen estudiante, latino, retórico y griego" (I, 88 y II, 20-21). Como tal, Guzmán asume su papel de escritor consciente de sus conocimientos de retórica. Desde el principio, se refiere a su autobiografía como "discurso" (I, 99). Y a la vez que alardea de esos conocimientos, los aprovecha para iniciar el discurso narrativo según las reglas de la retórica escolástica, partiendo "de la difinición a lo difinido" (I, 99), de la historia de sus padres a la suya propia y, por consiguiente, a él. De este modo, a la vez que el hijo culpa más o menos indirectamente a sus progenitores de su infame condición, no se le puede acusar de difamarlos; habría que culpar la lógica del método escolástico que usa para componer su discurso. La retórica sirve a los fines del Pícaro.

A la base de la estética retórica se hallan los afectos, que Juan Luis Vives define como "una facultad del alma que por un supuesto bien o mal presentido causa en nosotros cierta impresión."[2] El medio para causar la deseada impresión es la amplificación, práctica a la cual es muy obviamente aficionado nuestro narrador, según dejan ver las múltiples digresiones de su extenso discurso. Basta compararlo mentalmente con el de Lázaro de Tormes. Los afectos son "indiferentes" o neutrales: "buenos si dellos usas bien; malos si de ellos haces mal uso" (Vives, 741). En el mundo guzmaniano, donde "Toda cosa engaña y todos engañamos" (II, 65), es de esperar que la palabra tanto hablada como escrita posea la misma virtud.[3] En este mundo, la palabra parece haber perdido su fin "natural", que consiste, según Vives, en exteriorizar los conceptos de la mente (Vives, 740). Esta pérdida se debe a que "la torcida inclinación de nuestra naturaleza hizo que buscáramos otros / fines /" (Vives, 741).

Justamente éste es uno de los mayores retos que enfrenta el Pícaro narrador: parecer bien y mover a admiración mediante el relato de sus infamias. Para ello se vale, como ya señaláramos, del uso exhaustivo de la amplificación, no sólo en el discurso puramente narrativo, sino además en los comentarios digresivos. La picardía mayor consiste en hacer coincidir la finalidad y los recursos, de ahí que podamos hablar de un discurso narrativo pícaro. Mover los afectos mediante la amplificación no es recurso exclusivo del orador ni del letrado; constituye la base de la "poética" del murmurador, oficio que, como veremos más adelante, ejerce Guzmán en sus tiempos de gracioso del Embajador francés. Las correspondencias entre el arte de la retórica y el de la murmuración se ilustran en la narración de la "vida" de sus padres, cuyo "puro y verdadero texto" Guzmán se dispone a expresar para desmentir "las glosas que sobre él se han hecho" (I, 101). No olvidemos que en esos dos primeros capítulos se da la "definición", el modelo de la autobiografía tanto como del autobiografiado. De manera que el comentario que añade respecto a los glosadores de la vida de su padre, se puede aplicar a él como glosador de su "vida":

> hay hombre, si se le ofrece propósito para cuadrar su cuento, deshará las pirámidas de Egipto, haciendo de la pulga gigante, de la presunción evidencia, de lo oído visto y sciencia de la opinión, sólo por florear su elocuencia y acreditar su discreción (I, 101-102).

Por esto, su "vida" o "confesión general" (II, 38) bien puede llamarse como él mismo la llama, "alarde" (I, 144; II, 38). El reto que propone el papel de narrador lo enfrenta con las armas del retórico, que son las mismas del murmurador y, veremos, del gracioso.

La relación entre murmurar y narrar, entre habla cotidiana y arte retórica, se enfatiza con el ejemplo que le sirve a Guzmán para ilustrar el juicio arriba citado. Nos referimos a la anécdota de los dos pintores, uno de los cuales se limita a pintar el caballo encargado, mientras que el otro añade toda clase de detalles. Con razón F. Sánchez y Escribano pudo presentir en esta segunda pintura la fórmula del Barroco literario.[4] Sin duda, el narrador tenía en mente la fórmula de su propio estilo narrativo. El hecho de que la relación murmurador-pintor se establece sin ningún preámbulo sugiere que el narrador da por sentado el conocimiento por parte del narratario del topos pintura-poesía, común en el Renacimiento.[5] El Pícaro lo transforma en pintura-murmuración. Ya en el capítulo anterior nos referimos a cómo Guzmán "tizna" su pintura de Florencia con un "borrón" (II, 154). La relación "vida"-murmuración está implícita en pintura-murmuración, ya que Guzmán, para componer su biografía, sigue las reglas del arte, igual que el pintor y el murmurador.

Al concluir la anécdota, el narrador vuelve al juicio que la provocó, extendiéndolo de "hombre" (I, 101) a "hombres" (I, 104). El texto entero bien podría considerarse como el manifiesto poético del Pícaro. Se basa en la moción de los afectos y la amplificación, conducentes a los alardes de ingenio tanto del murmurador como del pintor y del escritor-narrador. Es un texto básico para comprender la afición del Pícaro a los comentarios digresivos, uno de los cuales es dicho texto:

> Común y general costumbre ha sido y es de los hombres, cuando les pedís reciten o refieran lo que oyeron o vieron, o que os digan la verdad y sustancia de una cosa, enmaxcaralla y afeitalla, que se desconoce, como el rostro de la fea. Cada uno le da sus matices y sentidos, ya para exagerar, incitar, aniquilar o divertir, según su pasión le dita. Así la estira con los dientes para que alcance; la lima y pule para que entalle, levantando de punto lo que se le antoja, graduando, como conde palatino, al necio de sabio, al feo de hermoso y al cobarde de valiente. Quilatan con su estimación las cosas, no pensando cumplen con pintar el caballo si lo dejan en cerro y desenjaezado, ni dicen la cosa si no la comentan como más viene a cuento a cada uno (I, 104).

Los verbos "recitar", "referir" y "decir" equivalen al fin "natural" de la palabra según Vives. Entra en juego la "torcida inclinación", que hace a los hombres "enmaxcarar y afeitar la verdad y sustancia", siguiendo los dictados de "su pasión", en otras palabras, los afectos: "exagerar, incitar, aniquilar o divertir". Los afectos se mueven mediante la amplificación, los "comentos" con que se evalúa, se "quilata", se "estima" "la cosa" a conveniencia del hablante. El murmurador—y artista—tiene el poder del mercader: falsificar la calidad de la cosa que trata. Ya vimos en el capítulo anterior cómo el vengativo narrador pretende pasar como predicador. Aquí lo veremos asumir el papel de víctima para mover a compasión.

2. *La escuela del gracioso*

Lo mismo que los pintores de la anécdota, todo usuario de la palabra—hablada y escrita—podría aspirar además de a la acreditación de su ingenio, y sin duda gracias a ese crédito, a obtener algún beneficio material, ya sea como pago, ya como premio, ya como favor; un beneficio secreta o abiertamente deseado.[6] Guzmán recibe limosnas a cambio de sus súplicas de mendigo, conservas a cambio de sus travesuras de paje y la "llave" a la privacía del Embajador a cambio de sus gracias. Suponemos que también del "curioso lector" espera algo. Por una especie de acondicionamiento, Guzmán se ha formado una imagen del hombre como representante o farsante cuyo éxito depende de que recite bien sus gracias.[7] A la base de la farsa está la moción de los afectos.

El aprendizaje de Guzmán, que suponemos se inicia con sus padres en Sevilla, halla escuela con los mendigos profesionales de Roma. Aprende que hay que vestir de acuerdo al papel (I, 376), a gesticular (I, 378) y a inventar:

> Juntábamonos algunos a referir con cuáles exclamaciones nos hallábamos mejor. Estudiábamoslas de noche; inventábamos modos de bendiciones. Pobre había que sólo vivía de hacerlas y nos las vendía como farsas. Todo era menester para mover los ánimos y volverlos compasivos (I, 388).

Del modo que la necesidad se convierte en vicio en las calles de Roma, el vicio se convierte en farsa en la casa del Cardenal, quien "hizo, para disimularlo, del vicio gracia. ... Hízose risa dello, contándolo a cuantos príncipes y señores lo visitaban, en las conversaciones que se ofrecían" (I, 441). Irónicamente, Guzmán aprende por medio de un sacerdote de alta jerarquía que el vicio puede entretener. Se compara, por lo mucho que le gustaban al religioso sus sutilezas, con un juglar (I, 445). De la necesidad, pasa a "la complacencia y desvaríos del bien parecer y de la admiración", de que habla Vives. Las últimas conservas que roba: "dello no probé cantidad de una nuez: aquello hice solamente para la ostentación del ingenio" (I, 445). El Pícaro narrador extiende el concepto retórico al acto de robar, un acto no lingüístico. Ya vimos en el capítulo anterior que compara el acto lingüístico de murmurar con el de robar. La palabra tiene un valor muy concreto en el mundo guzmaniano: es un arma más para el engaño, y en el caso del galeote escritor, la mejor, si no la única: "no tengo más armas que la lengua" (II, 77).

Esta frase la dice el protagonista en casa del Embajador de Francia en Roma, donde se convierte en experto gracioso, lo cual equivale a decir lisonjero, vicioso y adulador (II, 46). Se adiestra en el empleo de "palabras dulces de lenguas vanas" (II, 46), en los "halagos de palabras tiernas y suaves, de buen sonido y consonancia" (II, 47). Aprende a usar el arma de la lengua. Así como en el episodio de Gracia, en que se convierte en "maestro de amor profano", Guzmán se considera con licencia de dar unas lecciones (II, 388-92), ahora, maestro de gracias, alecciona sobre cómo "decir gracias, donaires y chistes" (II, 45-53). Esta amplificación aparece entre las citadas palabras sobre la adulación, "la leche que mamaron" los criados de los príncipes, a la cual antes llamó "maestresala de la Mentira" (I, 422), y el discurso sobre "el engaño y la mentira" (II, 63-65). Antes había dicho que la Murmuración es la gran amiga de la Mentira (I, 423). Ahora aparece, junto con sus aliados la adulación, el engaño y la mentira, como el ingrediente esencial de las gracias:

> ni los visajes del rostro, libre lengua, disposición del cuerpo, alegres ojos, varias medallas de matachines ni toda la ciencia del mundo será poderosa para mover el ánimo de un vano, si faltare la salsa de murmuración. Aquel puntillo de agrio, aquel granito de sal, en quien da gusto, sazón y pone gracia en lo más desabrido y simple. Porque a lo restante llama el vulgo retablo artificioso con poco ingenio (II, 48).

El hecho de que la hora de las gracias en casa del Cardenal y del Embajador—quienes junto con sus comensales componen el vano y el vulgo aludidos—sea la hora de la cena, hace más gráfica la imagen de la murmuración como "salsa" de las gracias.[8]

La finalidad del gracioso—lo mismo que la del mendigo—es la moción de los afectos: "para decir gracias, donaires y chistes conviene que muchas cosas concurran juntas.... para que juntas muevan el gusto ajeno" (II, 47). Como las gracias no "valdrán un cabello sin murmuración" (II, 48), al gracioso no le queda otra alternativa:

> Esto sentía yo por excesiva desventura, hallarme obligado a ser como perro de muestra, venteando flaquezas ajenas. Mas como era el quinto elemento, sin quien los cuatro no pueden sustentarse y la repugnancia los conserva, continuamente andaba solícito, buscando lo necesario a el oficio que ya profesaba, para ir con ello ganando tierra y rindiendo los gustos al mío. Que no es la menor ni menos esencial parte para captar la benevolencia, para que celebren con buena gana lo que se dice y hace (II, 48-49).

En las últimas dos secciones del capítulo anterior, sobre todo en la titulada "La atalaya-tienda", tratamos de mostrar la importancia de la murmuración en el discurso narrativo de Guzmán. No es difícil imaginarlo a través de su libro "venteando flaquezas ajenas", siempre "solícito" en busca de "lo necesario" — material y ocasión—para murmurar. La murmuración es la salsa, el azúcar con que cubre la hiel; el oro con que disfraza la piedra.

Por supuesto, la actitud de gracioso que asume el narrador responde a la imagen que tiene del narratario. Es regla del gracioso que "no a todos... podrán decirse / gracias /" (II, 48).[9] El narratario es, a imagen y semejanza del narrador, inclinado a la mentira y, por consiguiente, a la murmuración: "O te digo verdades o mentiras. Mentiras no; y a Dios pluguiera que lo fueran, que yo conozco de tu inclinación que holgaras de oírlas y aun hicieras espuma con el freno" (II, 37). No sólo es inclinación, sino costumbre: "aunque quitaban y ponían, como a cada uno se le antojaba y tú sueles hacerlo" (II, 114). Lo vemos, incluso, en acción: "No te pongas, ¡oh tú de malas entrañas!, en acecho, que ya te veo" (I, 411); "Muchos creo que dirán o ya lo han dicho:..." (II, 37). Lo mismo que el "vano" (II, 48), el "vulgo" (II, 48), y la "gente de condición baja o vil" (I, 207), el "curioso lector" (I, 99) es aficionado a las gracias al extremo de que no se da cuenta de que son murmuraciones en su contra:

> el que por oírmelas /las gracias/ está deseoso de verme, mire no le acontezca lo que a los más curiosos, que se ponen a escuchar lo que se habla dellos, que siempre oyen mal. Porque con oro fino se cubre la píldora y a veces le causará risa lo que le debiera hacer verter lágrimas (II, 44).

Siendo narrador y narratario murmuradores los dos, el primer párrafo de la narración es una especie de invitación a un corrillo de chismosos, donde se hablará de cosas "de no pequeño gusto", donde se prometen grandes chismes sobre los padres del narrador, donde se murmura de los "terministas", previniendo así ser murmurado de ellos (I, 99-101). A esta última táctica la llama "ganar por la mano" (I, 359).

Al aprendizaje práctico de la moción de los afectos, se suma el de las letras.[10] En casa del Cardenal aprende a leer; además, oye y cuenta novelas (I, 445). En Alcalá prosigue sus estudios y lecturas (II, 382), llegando a ser el primero, según murmura: "después de haber oído las artes y metafísica, me dieron el segundo en licencias, con agravio notorio, a voz de toda la universidad, que dijeron haberme quitado 'primero', por anteponer a un hijo de un grave supuesto della" (II, 378). Si fue cierto o no, importa poco; lo importante es que Guzmán alardea de sus conocimientos de la metafísica y las artes, alarde que lleva a la práctica en su "confesión".

El próximo escenario y escuela es la galera. Como antes en casa del Cardenal y del Embajador, sus gracias hallan audiencia entre personas de posición elevada; en este caso, el cómitre y un pariente del capitán. Como siempre, la moción de los afectos es la finalidad. Al cómitre "lo entretenía con historias y cuentos de gusto. Siempre le tenía prevenidos dichos graciosos con que provocarle la risa" (II, 455). Al pariente del capitán, a quien "cuando le dijeron mis partes y supo ser entretenedor y gracioso,

no veía ya la hora de que me pasasen a popa'' (II, 466), Guzmán
le contaba "cuentos donosos a la mesa las noches y fiestas,
procurando tenerlo siempre alegre'' (II, 468). Toda la galera
parece haber sido su público, según sugiere su reflexión sobre la
actitud de todos al verlo azotado: "Entonces conocí qué cosa era
ser forzado y cómo el amor y rostro alegre que unos y otros me
hacían, era por mis gracias y chistes'' (II, 474). Es en la galera
donde aprende el valor de la moción de los afectos, que puede
significar la diferencia entre azotes y "amor y rostro alegre''.

También en la galera Guzmán se acredita como hombre de
ingenio y narrador. El cómitre reconoce su superioridad
intelectual: "Guzmán, pues tienes letras y sabes, ¿no me
dirás...?'' (II, 456).[11] La respuesta del forzado es todo un alarde
de ingenio. Al caso que le propone su señor añade un segundo
caso, resolviendo ambos con un tercero: "Y juntamente daré a
entrambos la solución con otro caso verdadero, y fue desta
manera'' (II, 456).[12] El cómitre no puede menos que rendírsele:

> Cayóle a el cómitre tan en gracia lo bien que le truje acomodado el
> cuento, que me hizo mudar luego de banco, pasándome a su servicio
> con el cargo de su ropa y mesa, por haberme siempre hallado igual a
> su deseo (II, 457).

Más significativo todavía es que un caballero, el pariente del
capitán, le pida consejo a un forzado. En un nuevo alarde de
ingenio, Guzmán lo complace: "A mi amo le satisfizo mucho mi
consejo'' (II, 468). A pesar de los virtuosismos formales y de lo
sentencioso del comento sobre el matrimonio y las mujeres que
Guzmán le recita al caballero (II, 468-69), el antiguo hábito del
gracioso, la murmuración, constituye su salsa. Dicho comento
incluye la anécdota en extremo cruel, según ha observado Benito
Brancaforte (II, 469, nota 23), del provenzal que asesina a su
mujer, por "importuna y de mala digestión'' (II, 469). Guzmán
está buscando satisfacer a un hombre que no quiere casarse. Le
está dando la razón.

Guzmán ha aprendido a "acomodar el cuento''. Como
dijéramos antes, aprendió que las gracias no se pueden decir "a
todos ni de todo'' (II, 48). Sus conocimientos de gracioso bien se
los pudo reafirmar la retórica. Aprendió también, como

gracioso y como estudiante de retórica, que las gracias, así como cualquier otro discurso, tienen su tiempo y su lugar:

> es de importancia, oportunidad y tiempo en quien las quiere decir: que fuera dél y sin propósito, no hay gracia que lo sea ni siempre se quieren oír ni se podrán decir (II, 48).

A lo largo del discurso narrativo, tenemos muchos ejemplos de esta práctica. Es la razón que da para posponer varios comentos, como el de la cárcel: "Adelante lo hallarás en su propio lugar" (II, 113), el de los procuradores: "Y mira que te digo que no te digo nada dél, porque tiene su tiempo y cuándo" (II, 114) y el de las mujeres: "No es aqueste lugar para tratar sus virtudes; vengo a las mías, que aquel tiempo eran más que las del tabaco" (II, 304). Es ésta la excusa—astuta—para no explicar cómo el hombre fue creado a semejanza de la Trinidad: "te pudiera decir cómo se ha de entender esto; mas no es éste su lugar" (I, 395). En cuanto al "todos ni de todo", hay dos ejemplos muy elocuentes. El no atreverse a hablar contra los "poderosos" y los "ministros de justicia" es el mejor comentario:

> No hay que burlarse con poderosos ni mentar verdades. No me corre obligación de decirlas, donde no han de ser bien admitidas y ha de resultarme notorio daño dellas (II, 113).

> Quiero callar, que soy hombre y estoy castigado de sus falsedades y no sé si volveré a sus manos y tomen venganza de mí muy a sus anchas, pues no hay quien les vaya a la mano (II, 134-35).

El narrador no tiene un Cardenal ni un Embajador que lo proteja; sólo su ingenio.

3. Comprar los corazones

Dice Vives que el objetivo del orador es "tener pendientes de su palabra la atención de los oyentes. Y a decir verdad, el discurso no se propone otro fin" (Vives, 753). De esto depende la conquista de los demás fines, ya sea "fama, riqueza u honores" (Vives, 753). En la poética retórica, este objetivo del discurso se conoce como "deleitar". Vives no cree que este

término sea aplicable a todo discurso. Sus objeciones son
pertinentes al discurso del Pícaro:

> Yo no veo por qué a esto se le llama deleitar. El deleite es un
> movimiento placentero.... La oración de que nos ocupamos deja a
> unos oyentes mohínos; a otros llorosos; a otros, empavorecidos, como
> en las historias y novelas; así que ese fenómeno más debe llamarse
> retener que deleitar. Al hombre se le cautiva o detiene por la forma
> del discurso o de su fondo (Vives, 753).

Guzmán, como todo narrador, debe "cautivar" a su
narratario. La situación narrativa no puede ser más irónica, ya
que el "cautivador" es un cautivo, un galeote. La ironía parece
ser consciente por parte de Guzmán, quien se da mucha prisa
para *engolfar* al "curioso lector" en la narración (I, 99). Ya
vimos en el Capítulo 1 las diversas connotaciones negativas del
verbo "engolfar". Es cierto—y necesario—que el narrador
procura el deleite del narratario. De ahí el carácter misceláneo
del discurso, la creación de suspenso mediante la anticipación de
sucesos futuros, o la interrupción del "consejo" para dar paso a
la "conseja". De ahí la historia en sí, que, sobre todo, es
entretenida. Guzmán quiere que el narratario pueda "con gusto
y seguridad pasar por el peligroso golfo del mar que navegas"
(II, 36). Lo deleita y lo detiene para que no escape: "para que no
te me deslices como anguilla, yo buscaré hojas de higuera contra
tus bachillerías. No te me saldrás por esta vez de entre las
manos" (II, 38).[13]

Retener la atención del oyente es requisito indispensable para
alcanzar cualquier otro fin. Se cautiva al oyente mediante los
afectos, uno de los cuales es el deleite. De este modo, se obtiene
su buena voluntad y con ella lo demás. En sus días de gracioso,
Guzmán aprendió el valor de la "salsa de murmuración" para
rendir los gustos (II, 49). Más adelante, aprendió el valor del
dinero. En Génova, mientras planea robar la hacienda de sus
parientes, reparte dinero entre sus compañeros de juego, los
huéspedes de la posada y un capitán de galera, "por dejarlos a mi
devoción y contentos a todos. Con lo cual, viéndome afable,
franco y dadivoso, me acredité de manera que les compré los
corazones, ganándoles los ánimos. Que quien bien siembra, bien

coge" (II, 243-44). Particularmente, trata de ganar y retener al ánimo del capitán Favelo: "Siempre lo procuré conservar y obligar" (II, 244). Las reglas de la retórica se ajustan a los propósitos del ladrón, que se escuda en el buen crédito para robar mejor a sus parientes y para hacer cómplice a Favelo, en cuya galera se transportará lo robado:

> Yo, como sabía su necesidad, por todas vías deseaba remediársela y rendirlo. Tan buena maña me di con él y los más que traté, que a todos los hacía venir a la mano y a pocos días creció mi nombre y crédito tanto, que con él pudiera hallar en la ciudad cualquier cortesía (II, 245).

Ya con palabras, ya con dinero Guzmán ha aprendido a manipular los afectos de los demás para "comprarles los corazones". En su *Rhetórica castellana*, Salinas dice: "entre todos los afectos, el que más veces se procura mover, y más suele ser menester, es la misericordia, si mucho en los juicios, mucho también en los sermones al pueblo y en las otras hablas."[14] La misericordia se debe traducir en alguna acción por parte del oyente. En el caso de Favelo, la acción consistió en pasar el tesoro robado de Italia a España.

A falta de dinero, otro testigo debe traerse a propósito si "con algún fin quiere acreditar alguno su mentira" (II, 297). Guzmán se refiere al recurso retórico del ejemplo, recurso que, según Cros, "tiene una fuerza persuasiva directa que conmueve más fácilmente la sensibilidad". Este poder de concretizar los conceptos y acercarlos a las experiencias vitales del oyente, provoca en él "una adhesión profunda, generalmente definitiva".[15] En la pronunciación o recitación de un discurso, las lágrimas tienen este poder de persuasión.

Esto se comprueba en la novelita de Ozmín y Daraja, donde la "ladina" protagonista se mueve en un mundo semejante al de Guzmán. La prisionera vive asediada por los murmuradores, que contra ella dicen a su guardián, don Luis, "bien compuestas y afeitadas palabras", "creyendo sacar della su acrecentamiento con honrosa privanza" (I, 208). La mora utiliza la misma arma: "bien compuestas razones, con afecto de ánimo recitadas" (I, 208). Son recitadas tan eficazmente que don Luis se indigna contra sí mismo por haber prestado oído a los chismosos. Al ver que el caballero es tan fácil de afectar, decide sacarle provecho, "para gozarse con su esposo según solía" (I, 209). Por eso, en vez de usar la mentira que ya tenía inventada para encubrir la identidad de Ozmín, se vale de otra que va componiendo "más a propósito" (I, 209). La falsa historia está diseñada desde el preámbulo para mover a compasión al caballero cristiano: "Señor y padre mío, que así te puedo llamar: ... aunque traer a la memoria cosas que me es forzoso recitarte" (I, 210). La invención, disposición y pronunciación hacen que don Luis quede "admirado y enternecido, tanto de la estrañeza del caso lastimoso, según el modo de proceder que en contallo tuvo, sin pausa, turbación de donde pudiera presumirse que lo iba componiendo" (I, 211). Todo esto va sazonado con lágrimas: "Demás que lo acreditó vertiendo de sus ojos algunas eficaces lágrimas que pudieran ablandar las duras piedras y labrar finos diamantes" (I, 211). La acción resultante: Ambrosio—Ozmín—fue suelto de la prisión y "se le permitió que volviese al jardín con la misma familiaridad que primero y más franca licencia" (I, 212).[16]

Estos recursos retóricos, insistimos, son patrimonio común. Los manejan tanto los nobles moros y cristianos como la plebeya ama en cuyas manos fue a parar Guzmán. Su conducta, según la refiere Guzmán, es comparable a la conducta delatada en lo que llamáramos "manifiesto poético" de los murmuradores, pero también del pintor "barroco" de la anécdota y—por extensión—de nuestro narrador:

> No estimaba ni sentía tanto ver que me robaban la hacienda o estar amancebadas, ... cuanto que me quisiesen quitar el entendimiento, privándome dél. Que con mentiras y lágrimas quisiesen acreditar sus embelecos, de manera que, sabiendo yo la verdad muy clara, viendo a los ojos presente su maldad, su bellaquería y mal trato, me obligaban a tenerlo por bueno y santo: esto me sacaba de juicio (II, 377-78).

Mediante la moción de los afectos se puede suspender el juicio del oyente, su entendimiento y, por lo tanto, su capacidad para discernir la verdad, ya que ésta se percibe con el intelecto.[17] Lo malo puede hacerse pasar por bueno y lo falso por verdadero, o al menos dejar al oyente en duda, especialmente si la bondad y sinceridad del hablante se acreditan con algunas lágrimas.

Podría decirse que el camino que conduce a Guzmán a la galera está regado con lágrimas. Como se recordará, todo comienza luego de su desastroso regreso a Sevilla. Con el propósito de ganar algún dinero, con la ayuda de su madre, engaña a un predicador haciéndole creer que aunque necesitado prefiere devolver una bolsa que encontró y que en realidad robó. La falsa honestidad logra conmover al "santo predicador", a quien le relata la historia—falsa—de su vida, acreditándola con lágrimas: "reventáronme las lágrimas. Creyó el buen santo que por Dios las derramaba y también como yo se puso tierno" (II, 426). De este modo, Guzmán logra aprovecharse de la habilidad del religioso para predicar y convierte su sermón en un negocio:

> cuando fue a predicar, gastó la mayor parte de su sermón en mi negocio, encareciendo aquel acto, por haber sucedido en un sujeto de tanta necesidad. Exagerólo tanto, que movió a compasión a cuantos allí se hallaron para hacerme bien. Así le acudieron con sus limosnas, que me las diese (II, 426).

No sólo le dio limosnas, sino que le consiguió empleo con una señora a quien Guzmán "hacía verter lágrimas" (II, 432), cuando para complacerla rezaba por la salud de su esposo, que se hallaba en las Indias. Aprovecha la fama de santo para robar todo lo posible con el propósito de embarcarse a las Indias. Es descubierto y condenado a las galeras. En ellas, Guzmán va a poner en práctica el razonamiento que había hecho respecto a Alejandro, a quien encuentra tras el robo de los baúles: "mejor será que tu ladrón se convierta y viva" (II, 162). Controla el deseo de darle una puñalada por temor a la cárcel: "No te hagas reo si tienes paño para ser actor" (II, 163). Esto lo aprendió del viejo sacerdote que recitó el sermón contra la venganza en el episodio del arriero: "El vengativo se hace reo, pudiendo ser actor perdonando" (I, 165). En vez de tomar la venganza por su mano, acude a la justicia y termina en la cárcel. En la galera, años después, Soto ocupa el lugar de Alejandro en el ánimo vengativo de Guzmán. Esta vez, aprendida la lección, Guzmán se hace actor y se convierte, en un discurso acreditado ante el narratario con lágrimas: "En este discurso y otros que nacieron dél, pasé gran rato de la noche, no con pocas lágrimas, con que me quedé dormido y, cuando recordé, halléme otro, no yo con aquel corazón viejo que antes" (II, 462). Mas Soto no pierde ocasión para desacreditarlo: "El era mi cuchillo" (II, 467). El mismo Soto le da la oportunidad de vengarse sin salirse del papel de reformado. El cuchillo, esta vez mortal, es la palabra en forma de delación con que Guzmán descubre la conjuración que Soto planeaba. En vez de cárcel, el actor recibe la promesa de libertad, en premio de su "bondad, inocencia y fidelidad" (II, 479). La narración concluye con Guzmán en espera de la libertad prometida, que lo devolverá al mundo del "curioso lector", único testigo de las "no pocas lágrimas" con que acredita su conversión, desmentida por los mismos sucesos narrados. El testimonio de las lágrimas sirve para lograr que el narratario suspenda el juicio en cuanto a la infamia de la delación. Así, el narrador cumple con su deber de narrar lo acontecido a la vez que mueve a compasión y admiración al narratario, lo mismo que el protagonista al capitán de la galera.

4. El deseo del galeote escritor

Dice Vives que el arte de hablar "es obra principalmente de prudencia y la más antigua es poner la mira en el fin y luego en los medios indicados para alcanzarlo" (Vives, 740). En el proemio al "Letor" de la segunda parte, Alemán critica a Martí por no haber sido fiel a la caracterización de Guzmán: "De donde tengo por sin duda la dificultad que tiene querer seguir discursos ajenos; porque los lleva su dueño desde los principios entablados a cosas que no es posible darles otro caza" (II, 21). Guzmán expresa ideas semejantes en la primera parte en referencia a su aprendizaje como mendigo: "Porque todas las cosas, una vez principiadas, ni se han de olvidar ni dejar, hasta ser acabadas, que es nota de poca prudencia muchos actos comenzados y ninguno acabado. Nada puse por obra que soltase de las manos antes de verle el fin" (I, 385). En la segunda parte se refiere a su "vida": "Bien me hubiera sido en alguna manera no pasar con este mi discurso adelante, ... Mas ya resueltos /los principios/ una vez, por acto de prudencia se juzga el seguirlos con osadía, ... Y es imperfeción y aun liviandad notable comenzar las cosas para no fenecerlas" (II, 36). De modo que ante su oficio de escritor revela la misma actitud profesional que ante su oficio de mendigo: "Toda mi felicidad era que mis actos acreditaran mi profesión y verme consumado en ella" (I, 385). El discurso queda incompleto, ya que al final de la segunda parte queda una tercera que nunca se escribió, aparentemente. Mas la promesa en sí constituye el fin: continuar viviendo, posiblemente reintegrado a la sociedad. Hacia este fin u objetivo se dirige la narración: alcanzarlo significaría verse consumado en su oficio de escritor.

Guzmán, lo mismo que Daraja y que todos, utiliza los afectos para alcanzar su objetivo, el cual no revela abiertamente, sino que lo encubre bajo sus disfraces. Por un lado, el narrador es el loco que tira cantos "dé donde diere" (II, 35), asumiendo la actitud que Benito Brancaforte llama de "juez" ("Introducción, I, 35-36). Dijimos que una de sus funciones es cerrar "el portillo" a los murmuradores, "ganarles por la mano": "A mí me parece que son todos los hombres como yo" (II, 35), "Yo pienso de mí lo que tú de ti" (II, 36). Por otro lado, es, usando nuevamente la terminología de Brancaforte, el "penitente": "aunque también te digo que, como tengo las hechas, tengo las sospechas" (II, 35), "aunque tan malo como tienes de mí formada idea" (II, 36). A veces, asume ambas actitudes simultáneamente en una misma oración: "como soy malo, nada juzgo por bueno: tal es mi desventura y de semejantes" (II, 35). La acusación—contraescritura—anula la humildad esencial de la confesión—escritura—. La postura de juez, dijimos, sirve para igualar los demás al Pícaro y protegerlo del ataque o contraataque de los murmuradores. Le da al narrador apariencia de santo, moviendo al narratario a compunción, respeto y admiración.[18] La pose de penitente mueve a conmiseración. Es ésta la que media en la revelación del oculto objetivo del narrador.

Hacemos hincapié en que el narrador es un galeote ansioso de tener libertad. Aun antes de **llegar a la** galera quiso escapar vestido de mujer (II, 443). Al **llegar a** ella reafirma su esperanza (II, 444). Por esto deja al cómitre para servir al caballero (II, 467). Se reforma queriendo "comprar la bienaventuranza" (II, 462). Soto, conocedor de los secretos de Guzmán, estaba al tanto de este deseo; por eso le parece que la conjuración le ha de interesar más que a ninguno (II, 478). Mas Guzmán delata el "levantamiento" de su enemigo (II, 478, 479) para alcanzar el suyo propio (II, 472, 477) con menos riesgos (II, 479). El galeote no dice cuándo comenzó a escribir su "vida", si fue antes de o durante la espera del perdón real. Pero como todas sus acciones en la galera son motivadas por el deseo de libertad, suponemos que la escritura de su "confesión" también lo es. El narrador penitente quiere "comprar la gracia" (II, 462) de su confesor, el narratario. En otras palabras, el fin del escritor está al servicio del deseo del protagonista. Mas también—necesariamente—está al servicio del deseo del lector, que quiere deleitarse. El Pícaro narrador aprovecha esta situación para hacer un trato con el narratario: gracias a cambio de la gracia.

Aprovechando el topos del libro-discurso-camino, Guzmán se ofrece al narratario como compañero de viaje:

> Levántate, amigo, si en esta jornada gustas de que te sirva yendo en tu compañía. Que, aunque nos queda otra para cuyo dichoso fin voy caminando por estos pedregales y malezas, bien creo que se te hará fácil el viaje con la cierta promesa de llevarte a tu deseo (II, 35).

Para cumplir su promesa, Guzmán hará lo posible por controlar sus comentos, aunque son por el bien del "amigo". Hubiera sido mejor para él no continuar su discurso, no escribir la segunda parte de su vida, pero lo hace para beneficiar a los demás: "Bien me hubiera sido en alguna manera no pasar con este mi discurso adelante, pues demás que tuviera escusado el serte molesto, no me fuera necesario pedirte perdón, para ganarte la boca y conseguir lo que más *aquí* pretendo" (II, 36). Estas—tener que controlar la afición a arrojar la piedra (II, 35), ser molesto, pedir perdón, todo por persuadir al narratario—no son !as únicas inconveniencias de su oficio de narrador; Guzmán llega incluso al martirio: "voy caminando por estos pedregales y malezas" (II, 35); "yo *aquí* recibo los palos y tú los consejos en ellos" (II, 36). Luego de que "engolfa" al "curioso lector" en la galera de su "vida" (I, 99), le asegura: "A mi costa y con trabajos proprios descubro los peligros y sirtes para que no embistas y te despedaces ni encalles" (II, 39). El adverbio de lugar "aquí", que hemos subrayado, se refiere tanto al libro como a la galera donde escribe. Lo mismo ocurre con "barca": "Ya tengo los pies en la barca, no puedo volver atrás" (II, 37). Tanto el protagonista como el narrador son galeotes, "forzados". Al ladrón lo llevó a la galera su vicio; al galeote lo llevó a la barca-libro su deseo de prevenir a otros. Uno es "esclavo del Rey"; el otro, de su deber profesional: "es imperfeción y aun liviandad notable comenzar las cosas para no fenecerlas, ... pues en su fin consiste nuestra gloria" (II, 36). Los dos son dignos de compasión y, el narrador sobre todo, de admiración.

Si en los consejos los gustos del narrador y el narratario no coinciden, en la conseja están de acuerdo: el deseo de Guzmán es contar su vida y el del "curioso lector" saberla: "Haré lo que pudiere, satisfaciendo el deseo. Que hubiera servido de poco alborotar tu sosiego habiéndote dicho parte de mi vida, dejando lo restante della" (II, 37). Satisfará los dos deseos atendiendo al deleite y a la instrucción: "de tal manera que puedas con gusto y seguridad pasar por el peligroso golfo del mar que navegas" (II, 36). Comienza a vislumbrarse el puerto, que para el narratario y el narrador sería el final de la narración-barca y para el protagonista la libertad: el narrador, que es el protagonista galeote, puede hacer que los fines coincidan.

A pesar de que promete llevar al narratario a su gusto y deseo, Guzmán no desiste de sus comentos, pues reconoce en ellos un arma poderosa en su favor. Ya que no todos los hombres son justos y sabios, las leyes son pertinentes y, por lo tanto, el papel de juez que Guzmán asume. Como escritor, no sólo es juez, sino retórico para persuadir, médico para curar y marinero para aportar a salvo. Incluso como malo, tiene valor, pues es como el pedernal herido a quien le sacan la luz "para encenderla otra parte" (II, 40). Por todo ello, merece premio.

El narrador-víctima sugiere muy indirectamente en qué debe consistir su premio:

> Premios y penas conviene que haya.... Y aunque conozco ser el vicio tan poderoso, por nacer de un deseo de libertad..., ¿qué temo, si mis trabajos escritos y desventuras padecidas tendrán alguna fuerza para enfrenar las tuyas, produciendo el fruto que deseo? Pues viene a ser vano y sin provecho el trabajo que se toma por algún respecto, si no se consigue lo que con él se pretende (II, 40).

La insistencia en el propósito instructivo de la narración y la exageración en el número de comentos busca persuadir al narratario de que el protagonista, para el momento de la narración, se ha reformado. El narrador penitente emplea las armas del murmurador y el mercader: la multiplicación. Es significativo que Guzmán exprese tan veladamente su deseo inmediatamente después de las diatribas contra los santurrones—que simulan ser "humanos y compasivos" y que "lloran de nuestras miserias y despedazan cruelmente nuestras carnes" (II, 39)—y contra los murmuradores—que "andan ventoleros, desempedrando calles" (II, 39)—, e inmediatamente seguida por la anécdota de la Ropería, donde "todos engañan y mienten" (II, 40). Es un modo de contraescritura para señalar la actitud de santurrón, murmurador y mercader del narrador.

Hacia el final del capítulo introductorio a la segunda parte, el término "puerto" sustituye los términos "fin" y "fruto": "Determinado estoy de seguir la senda que me pareciere atinar mejor a el puerto de mi deseo y lugar a donde voy caminando" (II, 44). Recordemos nuevamente que al final de la segunda parte Guzmán, todavía en la galera, espera una orden real que le dé completa libertad, para lo cual deberá ser llevado a puerto. Para ese momento quiere predisponer al "curioso lector", a quien al inicio de la segunda parte llama "amigo".[19]

Retomando la imagen con que inicia el capítulo, Guzmán vuelve a exponer su trato. Nuevamente, el "yo" equivale tanto al protagonista—que en esos momentos es un galeote—como al narrador y al libro:

> Y tú, discreto huésped que me aguardas ..., no te desdeñes cuando en tu patria me vieres y a tu puerta llegare desfavorecido, en hacerme

aquel tratamiento que a tu propio valor debes. Pues a ti sólo busco y por ti hago este viaje no para hacerte cargo dél ni con ánimo de obligarte a más de una buena voluntad, que naturalmente debes a quien te la ofrece (II, 44).

Ya en la primera parte el narrador se había expresado en términos semejantes al interrumpir su censura de los "corrillos y murmuradores": "Quédese aquí, porque si vivimos allá llegaremos. A cuán derecha regla, recorrido nivel y medido compás ha de ajustarse aquel desventurado pretendiente que por el mundo ha de navegar, esperando fortuna de mano ajena" (I, 406). En ambos casos, el narrador asume el papel de mártir: "desfavorecido", "desventurado". En los dos casos, es un "pretendiente" que busca buen "tratamiento". En la cita de la segunda parte, Guzmán ya se ve a la "puerta" del "discreto huésped", que sustituye al "curioso lector". No ha olvidado el arte de la adulación, que aprendiera siendo gracioso del Embajador.

A cambio de la "buena voluntad" y "fortuna", Guzmán, que no ha olvidado tampoco el oficio de gracioso, ofrece sus gracias: "Y si de ti la recibiere, quedaré con satisfación pagado y deudor, para rendirte por ella infinitas gracias" (II, 44). La disemia—gracias de agradecido y gracias de gracioso—enlaza el final de la primera parte con el principio de la segunda, que narran la época en que Guzmán sirvió de gracioso del Embajador. Se establece un juego entre el entonces del protagonista gracioso, el ahora del protagonista galeote narrador y el futuro próximo en que se reanudará la narración y el futuro ansiado de la libertad.

Es el futuro a lo primero que se alude: "el que por oírmelas / las gracias / esté deseoso de verme" (II, 44). Más que alimentar en el narratario el deseo de continuar leyendo, Guzmán busca despertarle el deseo de verlo libre para así poder decirle más y mejores gracias. La insinuación va acompañada por el intento de mover a compasión, al Guzmán representarse como la víctima de un cruel espectáculo. Esto debería aumentar en el narratario el deseo de verlo libre. Hay que recordar que de acuerdo al final de la segunda parte, el protagonista no se halla en tal situación, sino que le permiten que "como libre" se mueva por la galera. Así que se vale de una mentira para mover a compasión al "amigo""

> represéntese otro yo y luego discurra qué pasatiempo se podrá tomar con el que siempre lo pasa—preso y aherrojado—con un renegador o renegado cómitre. Salvo si soy para él como el toro en el coso, que sus garrochadas, heridas y palos alegran a los que lo miran y en mí lo tengo por inhumano (II, 44).

Esta situación, cuya alusión al principio de la segunda parte anticipa sucesos de los dos últimos capítulos y sirve para alimentar la curiosidad del narratario, excusa al narrador de decir gracias: "si dijeres que hago ascos de mi proprio trato, que te lo vendo caro haciéndome de rogar o que te hago melindres, pesaráme que lo juzgues a tal" (II, 44). Vuelve a insistir en el contraste entre su presente y su pasado, poniendo siempre la mira en el futuro:

> aunque es notoria verdad haber servido siempre a el embajador, mi señor, de su gracioso, entonces pude, aunque no supe y, aunque agora supiese, no puedo, porque tienen / las gracias / mucha costa y no todo tiempo es uno. Mas, para que no ignores lo que digo y sepas cuáles eran mis gracias entonces y lo que agora sería necesario para ellas, oye con atención el capítulo siguiente (II, 44-45).

Si en el "capítulo siguiente" cuenta lo que siendo ignorante hacía en su oficio de gracioso, no es solamente para que el narratario sepa cuáles eran las gracias de Guzmán "entonces" , sino para que tenga una idea de las que "agora", con toda su experiencia y sabiduría podría decir. Como él mismo anticipa indirectamente, agora posee letras: "entonces no tenía otras / letras / que las de algunas lenguas" (II, 49).

Guzmán busca despertar la curiosidad de ese "curioso lector", al que llama "amigo" y "discreto huésped" en la segunda parte. Como dijéramos anteriormente, el narratario es amante de gracias, a semejanza del Embajador y sus comensales. A la misma vez, quiere ganarse su simpatía, moviéndolo a compasión: "Considerar, pues, agora de todo lo dicho, ¿qué puedo aquí tener y qué me falta, sin libertad y necesitado?" (II, 49). Así es como veladamente revela "lo que agora sería necesario" para decir gracias, lo que "me falta": la libertad. Para lograrla, aparte de su ingenio, necesita de la buena voluntad de los poderosos que le pueden otorgar el perdón y de la sociedad a la que iría a parar.

El deseo de libertad está a la base de la escritura de la "vida" de Guzmán de Alfarache. Es "lo que más aquí / en la galera, en el libro / pretend/e / (II, 36). Para alcanzarla, utiliza todo su ingenio: se disfraza de mujer, sirve al cómitre y al pariente del capitán, se hace mercader bajo la protección del cómitre, cuenta chistes, se finge santo, delata a Soto, escribe su "vida". En su narración se plantea una situación semejante: el narrador va en un viaje, sirve al narratario, le vende sus "mercaderías", le sirve de gracioso, le predica, lo acusa. En su intento de persuadir al "lector", el narrador-protagonista actúa de acuerdo a ese deseo que lo caracteriza. Al meter al "lector", por medio del narratario, en la narración, se logra un efecto de verosimilitud: Guzmán, el galeote escritor, pretende algo del "lector"; por lo tanto, su existencia es "real". Por supuesto, al identificarse con su libro, Guzmán es real en tanto se le permita ser leído y llegar así al puerto que es cada lector.

Notas

[1]Edmond Cros, *Protée et le Gueux* (París: Didier, 1967). Usamos la versión española, *Mateo Alemán: Introducción a su vida y a su obra* (Salamanca: Anaya, 1971). Cros asegura que Alemán "se vale esencialmente de los recursos proporcionados por la Retórica"
(Mateo Alemán, p. 71. C. George Peale, *"Guzmán de Alfarache* como discurso oral" *(Journal of Hispanic Philology*, 4, 1979, pp. 25-57) también estudia la influencia de la retórica en el *Guzmán.*

[2]Juan Luis Vives, "El arte de hablar", en *Obras completas*, trad. Lorenzo Riber (Madrid: Aguilar, 1948), p. 747. En adelante, daremos la página en el texto, precedida por "Vives".

[3]Ya vimos en el Capítulo I que también al acto narrativo se le puede aplicar esta visión del mundo en la que tanto insiste el narrador: "Baste para mi entender, y acá, para los de mi tamaño, saber que todo miente y que todos nos mentimos. Mil veces quisiera decir esto y no tratar de otra cosa, porque sólo entender esta verdad es lo que nos importa, que nos prometemos lo que no tenemos ni podemos cumplir" (II, 113).

[4]F. Sánchez y Escribano, "La fórmula del Barroco literario presentada en un incidente del *Guzmán de Alfarache"*, *Revista de Ideas Estéticas*, 12 (1954). pp. 137-42.

[5]Tómese en cuenta que la relación entre poesía y pintura era lugar común en el Renacimiento (Ver nota 2, I, 90), según atestigua Alonso de Barros en su "Elogio" de Alemán y su libro, donde "nos ha retratado tan al vivo un hijo del ocio" (I, 90). Según Barros, Alemán "ha conseguido ... el nombre y oficio de ... pintor en los lejos y sombras con que ha disfrazado sus documentos" (I, 91). Inclusive emplea la imagen del caballo para referirse a ios hijos a cuyos padres Alemán quiere avisar, "pues entran en la carrera de la juventud en el desenfrenado caballo de su irracional y no domado apetito" (I, 92). La idea de que Alemán quiso retratar "un hijo del ocio", un vicioso, y que tenía en mente la imagen del caballo desenfrenado parece sugerirse en el hecho de que la obra—en sus dos partes—se abre y se cierra haciendo referencia a pinturas de caballos. El último capítulo de la segunda parte comienza mencionando la pintura de "un hermoso caballo, bien aderezado, que iba huyendo suelto" (II, 464).

[6]Desde muy antiguo se suele premiar el ingenio. Guzmán cuenta la anécdota de César, quien queriendo burlar a un poeta al cual en otro tiempo favorecía, escribió un soneto y se lo mostró al pobre poeta. Este sacó la última moneda que le quedaba y se la dio a César como premio, diciéndole: "Digno es de premio un buen ingenio. Cuanto tengo doy; que si más tuviera, mejor lo

pagara'' (II, 67). En el comedor del Embajador francés, el caballero napolitano que contó el caso de Dorido y Clorinia, cuenta en otra ocasión el de don Alvaro de Luna, quien promete ''una rica sortija de un diamante'' al caballero que cuente el mejor ''caso de amores'' (II, 81). El primer caballero en tratar, don Luis de Castro, utiliza los afectos para ganar el premio: ''Y aunque por no cansar a Vuestra Señoría me acorto en referir por menor lo que padecí estos tiempos, Vuestra Señoría supla con su discreción cuánto sería, cuántos trabajos importaría padecer y a cuántos peligros habría de ponerse quien seguía tan altos pensamientos.... No creo que tendrá don Rodrigo ni otro algún caballero suceso de infortunio mayor que poder contar.... Pues amando con tanta firmeza y sirviendo con tantas veras..., perdí mi tiempo, perdí mi hacienda y sobre todo a mi dama, para venirme a dar en trueco de todo la Fortuna sólo el premio de aquesa sortija'' (II, 83). El próximo narrador, don Rodrigo de Montalvo, utiliza a su vez los afectos para ridiculizar a don Luis y ganar él la sortija: ''También habéis perdido la sortija, pues de razón será mía'' (II, 83). La historia de don César, el caballero napolitano, tenía el propósito de calmar los ánimos de los comensales, exaltados por las ''gracias'' de Guzmán. El barullo que provoca un dicho del gracioso—''que ambos han dicho la verdad y ambos mienten por la barba'' (II, 78)—es una especie de premio al mismo: ''Solenizaron el agudo dicho, y el encarecerlo algunos tanto encendió a el dotor'' (II, 79).

[7]Varias veces en la narración se alude al topos del ''gran teatro del mundo''. Por ejemplo, se dice que la Fortuna ''tráenos rodando y volteando..., obligándonos como a representantes a estudiar papeles y cosas nuevas que salir a representar en el tablado del mundo'' (I, 317). Así es como el Pícaro se ve a sí mismo. Su último papel es el de escritor. El término ''farsa'' aparece más adelante: ''Sin acordarse que es hombre representante, que sale con aquel oficio o con figura dél y que se volverá presto a entrar en el vistuario del sepulcro a ser ceniza, como hijo de la tierra. Mira, hermano, que se acaba la farsa y eres lo mismo que yo y todos somos uno'' (I, 355).

[8]En la novelita de Ozmín y Daraja aparecen palabras semejantes: ''en la gente de condición vil y baja, que es donde / la murmuración / hace sus audiencias, es la salsa de mayor apetito, sin quien alguna vianda no tiene buen gusto ni está sazonada'' (I, 207). El adjetivo ''baja'' aplicado a la condición de la gente no implica una clase social en particular. Lo mismo que en el episodio citado en el texto, donde se menciona al ''vulgo'', los murmuradores pertenecen a la clase privilegiada: don Rodrigo, el Cardenal y sus ''príncipes'', el Embajador y sus invitados.

[9]La retórica expresa ideas parecidas: ''Lo primero que debemos aquilatar es quiénes somos nosotros y cuáles son aquellos a quiénes queremos apasionar o sosegar; cuál es su juicio de las cosas a las que dan mucha importancia o les dan muy poca; a qué pasiones se sienten inclinados y a cuáles reacios, y de qué pasiones resbalan a otras con fácil pie, por carácter, por convencimiento, por costumbres, edad, sexo ...'' (Vives, 748).

[10]Antes que las mañas de la retórica, aprendió las de los mendigos en las calles de Roma, y siempre se valió de su ingenio: "De modo que aquellas prendas que me negó naturaleza, las había de buscar y conseguir por maña, tomando ilícitas licencias y usando perjuiciales atrevimientos, favorecido todo de particular viveza mía, por faltarme letras" (II, 49).

[11]Nótese cómo Guzmán narrador utiliza otras voces para autoengrandecerse. En las cita anteriores fueron la "voz de toda la universidad" y quienes le hablaron al pariente del capitán sobre Guzmán. Más adelante en el texto nos referimos al episodio en que el caballero le pide consejo al galeote, lo cual implica autoengrandecimiento—esta vez dramatizado—por parte del narrador. Otro ejemplo de autoengrandecimiento indirecto y alarde dramatizado lo hallamos en la escena en que Guzmán, llevando una carga a "un oficial calcetero", halla unas "coplas viejas" y se pone a leerlas y a cantarlas, para sorpresa del oficial: "Volvió mi dueño la cabeza y sonriéndose dijo: '¡Válgate la maldición, maltrapillo! ¿Y sabes leer?' Respondíle: 'Y mejor escribir.' Luego me rogó que le enseñase a hacer una firma y que me lo pagaría" (I, 277-78).

[12]Estos virtuosismos del narrador han aparecido antes, en el caso del estudiante que robó unas gallinas, por ejemplo. Guzmán utiliza el mismo ejemplo para mostrar dos situaciones que se contradicen entre sí: 1) "quien trate el engaño, sale con él, dejando engañado a el otro. Como le aconteció a cierto estudiante" (II, 65) y 2) "Otros engaños hay, en que junto con el engañado lo queda también el engañador: Así aconteció a este mismo estudiante y en este mismo caso" (II, 65-66).

[13]A nivel del autor real, Alemán, esto es una represión contra los lectores de la primera parte que leyeron la segunda parte escrita por Martí.

[14]Citado por Cros, *Mateo Alemán*, p. 112.

[15]Cros, *Mateo Alemán*, p. 76.

[16]En la novelita de don Alvaro de Luna, el fin de los narradores es ganar como premio al mejor "caso de amores" una sortija. Los medios que utilizan son los mismos que Daraja, según afirma—negando—el primer contendiente, don Luis de Castro: "Bien podrá ser, condestable mi señor, que otros amantes para contar sus desdichas las vayan matizando con sentimientos, exageraciones y ternezas de palabras, en tal manera, que por su gallardo estilo provoquen a compasión los ánimos. Y de los deste género se halla mucho escrito. Mas que real y verdaderamente, desnudo de toda composición, haya sucedido en los presentes tiempos negocio semejante a el mío, no es posible, por ser el más extraño y peregrino de los que se saben. Y pues Vuestra Señoría es el juez, bien creo conocerá lo que tengo por él padecido" (II, 81). Es claro que Castro exagera al decir que su caso es el "más extraño y peregrino" y que busca conmover al juez cuando alude a lo mucho que tiene padecido. Lo "real y verdadero" del caso queda en entredicho cuando el segundo narrador cuenta el suyo, que es otra versión del de don Luis. Nótese también que Castro emplea el término "negocio" en vez de "caso".

[17]Dice Vives que los afectos son útiles sobre todo cuando se carece de argumentos y razones: "La eficacia de la verdad o de la bondad puede recibir gran ayuda del concurso de los afectos cuando no se tienen a mano razones asaz poderosas" (Vives, 741).

[18]Según Vives, "las sentencias tienen en el discurso fuerza grande, bien por la autoridad que granjean al orador, quien parece haber dado solidez y firmeza de cuño a una idea universal, ora por su acerado juicio" (Vives, 757). Es costumbre de nuestro narrador universalizar sus juicios, los cuales frecuentemente introduce con un "que": "que en todas partes hay de todo" (I, 108), "que todos somos hombres" (I, 120), "Que muchas livianas burlas acontecen a hacer pesadas veras" (I, 124), "que a ninguno está bien decir mentira y menos al que escribe" (I, 136), "que, cuando / las desdichas / comienzan, vienen siempre muchas y enzarzadas unas de otras como cerezas" (I, 144), "que siempre los mozos se despeñan tras el gusto presente, sin respetar ni mirar el daño venidero" (I, 153), etcétera. Este tipo de juicio o sentencia funciona como evaluación de algún suceso narrado. Por tratarse muchas veces de lugares comunes, responden a una moral convencional y, por eso, fácilmente identificable por los diversos sectores del público lector que, al tropezar constantemente con dichos juicios, se haría una imagen positiva del hablante. Semejante efecto producen los refranes y demás dichos populares, también usados por el narrador. "Los dichos sentenciosos populares son muy hechos para mover, pues instantáneamente los entiende el oyente porque son comunes" (Vives, 750).

[19]Antes ha recomendado un "fiel examen" de los "principios", ya que éstos "dan de sí resplandor que nos descubre de muy lejos con indicios naturales lo por venir" (II, 36). A nivel de la intriga, hay en el pasaje citado en el texto una anticipación de la delación, la "senda" que escoge el galeote para "atinar" al "puerto" de la libertad.

Capítulo IV: El narrador y el ladrón

"Bien haya el que a los suyos parece."

1. Hijo de ninguno, hijo de ladrón

El deseo de superar el modelo es sin duda uno de los factores
más importantes en la historia de los géneros y subgéneros
literarios. Ya Gonzalo Sobejano ha señalado este factor respecto
al *Guzmán* y el *Lazarillo*: "Alemán ha querido ... que su
protagonista supere en ingenio al protagonista de la narración
anónima."[1] Según este crítico, además de "el afán de medro" y
"el deseo de aparentar señorío", Alemán pudo aprender del
Lazarillo "la demostración orgullosa del ingenio al servicio de la
burla o el robo", todo lo cual se da en mayor grado en Guzmán:
"las lazarilladas se convierten en guzmanadas".[2]

Ya fuera con el fin de superar el modelo literario, o con el fin
de retratar una sociedad en la cual todos roban las honras, las
haciendas o ambas, Mateo Alemán quiso crear un personaje
cuyo nombre significara, por antonomasia, ladrón. En la
"Declaración para el entendimiento deste libro", nos adelanta
que Guzmán escribe su vida en las galeras, "donde queda
forzado al remo, por delitos que cometió, habiendo sido ladrón
famosísimo, como largamente lo verás en la segunda parte" (I,
89). Recordemos que Martí, ladrón de las ideas de Alemán,
publica una segunda parte que deja la promesa sin cumplir. En
su proemio al "Letor", Alemán critica la pobreza de invención
del personaje apócrifo: "Dejemos agora que no se pudo llamar
'ladrón famosísimo' por tres capas que hurtó, aun fuesen las dos
de mucho valor y la otra de parches" (II, 21). El ingenio
fabulador de Alemán se ha de mostrar en la invención de
"guzmanadas".

Ateniéndonos a la lectura que propusiéramos en nuestra
introducción, la lectura de la "vida" de Guzmán de Alfarache
escrita por él mismo, ¿cómo se explica que el narrador quiera

presentar al protagonista como un "ladrón famosísimo" y que presuma de lo que debería avergonzarlo? No olvidemos que la "confesión" se convierte en un "alarde", que los pecados son proezas mediante las cuales el Pícaro ostenta su ingenio superior. Una de las funciones básicas de las narraciones personales es el autoengrandecimiento.[3] El narrador-protagonista debe justificar el hecho de ser sujeto-objeto del acto lingüístico que ha emprendido, el relato. Debe, además, despertar y mantener vivo el interés del narratario.

Por supuesto, este autoengrandecimiento conlleva un autoconocimiento previo. Dice Vives que además de conocer bien al oyente, "Es asimismo prodigiosamente útil, para dar con lo que nos es necesario, nuestro propio conocimiento: de qué linaje, de qué edad; en qué concepto estamos de ciencia y de virtud, cuál es nuestra dignidad, cuáles nuestras posibilidades" (Vives, 748). Guzmán aconseja a los murmuradores como defensa contra otros murmuradores: "Lo mismo digo a todos: que cada uno se conozca a sí mismo" (I, 301).[4] El autoconocimiento facilita la proyección de una imagen de sí mismo—magnificada, aunque sea a la inversa—, la cual facilita a su vez la moción de ciertos afectos, sobre todo el de admiración. Mas conociéndose a sí mismo como se conoce, Guzmán sabe que en su vida hay poco o nada digno de admirarse; todo lo contrario. Por lo tanto, antes que nada deberá acallar las voces de los murmuradores potenciales. Deberá hacer lo que aconseja a todos: "tiente el timple de sus aceros con la lima de palo y lo que él murmura del otro, cierre la puerta para que el otro no lo murmure dél" (I, 301). Deberá "ganar por la mano", o sea, contar él la afrenta y alardear de ella haciendo "del vicio gracia", antes de que la cuente otro como chisme.

A este temor a los murmuradores se une como estímulo para el acto narrativo del Pícaro el deseo de ser alguien, uno de los más poderosos imperativos sociales de la época. Guzmán era lo más bajo que se podía ser, "malnacido y hijo de ninguno" (I, 136). Como narrador, intentará—más que por las palabras, por las obras—ahijarse al único hombre que se casó con Marcela, un ladrón. Los hechos narrados lo legitimarán, demostrando mediante la superación de las proezas del padre elegido que "hijo de ladrón, dos veces ladrón", según reza el refrán.

Antes de engolfar al curioso lector en su "vida", Guzmán cuenta la de sus padres. Con engañosa intención quiere hacer creer que lo mueve el cumplimiento de las reglas de los "latinistas", que ordenan proceder de la definición a lo definido. Tan poca importancia pretende dar a estos capítulos que alega que por poco se le olvida cumplir con la regla: "me olvidaba cerrar un portillo". Así que los dos primeros capítulos serían puramente convencionales. Sin embargo, de ningún modo parecen superimpuestos ni ajenos a la narración principal. Todo lo contrario, la historia de sus padres está, como diría Guzmán, muy bien traída y mejor acomodada. Como el término indica, la definición, la historia de sus padres explica quién es—o quien no es—Guzmán de Alfarache. Al hacernos creer que juega con el convencional precepto de partir de la definición a lo definido y pretender restarle importancia a esos dos capítulos, llama la atención hacia ellos. Oculta a la vez que revela su intención—que es también su obsesión—de definirse ante los demás, que no son exactamente los "latinistas", sino los "curiosos".[5] Ignorar la definición, o sea, el origen, hubiera sido "dar lugar a nuevas murmuraciones". Asume, por lo tanto, la actitud del gracioso y hace lo que aprendió en tal oficio: "ventear flaquezas ajenas" y propias, "hacer del vicio gracias" y "nombre del mal nombre". De este modo, si no convence del todo al "curioso" de que no es un "malnacido", lo deja con la duda; o, al menos, pretende que dichas murmuraciones lo divierten.

En el Capítulo II citamos el pasaje en que Marcela "hace su cuenta" de mujer casada, resultando en la imposibilidad de saber quién engendró a Guzmán, el cual, "antes que diga un cualquiera que soy un malnacido" (I, 136), se ahija al "levantisco", ya que la madre, habiendo muerto el viejo, luego de nacido Guzmán, se casa con él. Dicho pasaje comienza afirmando ambiguamente la paternidad del "extranjero", certificada por Marcela: "Y así protesto no me pare perjuicio lo que quisieren caluniarme" (I, 136). Las calumnias de que son

víctima Guzmán y su familia no son cosa del pasado del
protagonista ni del futuro de Marcela, sino que también alcanzan
el presente del narrador: "a ellos y a mí resultan cada día
notables afrentas" (I, 105).

En la segunda parte encontramos lo que podría considerarse
una explicación de los primeros dos capítulos de la "vida" del
Pícaro:

> El mal nacido y por tal conocido quiere con hinchazón y soberbia
> ganar nombre de poderoso, ... diciendo quién son, qué principio tuvo
> su linaje, de dónde comenzó su caballería, cuánto le costó la nobleza y
> el oficio en que trataron sus padres y quiénes fueron sus madres. (II,
> 67).

Pertenece este tipo de engaño al de "aquellos que quieren que
como por fe creamos lo que contra nuestros ojos vemos" (II,
67). Por supuesto, Guzmán no pretenderá hacernos creer en la
virtud y nobleza de sus "padres y madres", pues "fue su vida tan
sabida y todo a todos tan notorio, que pretenderlo negar sería
locura y a resto abierto dar nueva materia de murmuración" (I,
101). En vez de negar, afirma, aun más, multiplica: "porque
adornando la historia, siéndome necesario, todos dirán: 'bien
haya el que a los suyos parece'" (I, 101). Irónicamente, uno de
los vicios del "levantisco" que más multiplica Guzmán en la
narración de su propia vida, la prostitución homosexual, señala
su condición de mal nacido: "el que diere con la codicia en
semejante bajeza, será de mil uno, mal nacido y de viles
pensamientos" (I, 115). La filosofía que sostiene la entera
narración del galeote parece ser que es mayor vergüenza no tener
padre que tenerlo, por infame que sea. Esa vergüenza lo mueve a
contar de la manera que lo hace: "lo que llamas vergüenza no es
sino necesidad. Si a mí no se me hiciera vergüenza, no gastara en
contarte los pliegos de papel deste volumen y les pudiera añadir
cuatro ceros adelante" (I, 249).

El interés íntimo que motiva la narración que de su vida hace
Guzmán al "curioso lector", su "deseo" socio-existencial es ser
alguien, que equivale, como dijéramos, a ser hijo de alguien.
Para ello, tendrá que ahijarse al "extranjero" esposo de

Marcela. El estímulo externo proviene del "curioso" murmurador, actual y potencial victimario del malnacido.

Si como pretendiente a la libertad el narrador intenta ganar la voluntad del narratario,[6] como malnacido quiere acreditarse o, al menos, "ganar por la mano", haciendo como el Cardenal, "de los vicios gracia". Anteriormente, su mecanismo de defensa había sido la pasividad. Ante la desencajada risa del arriero al enterarse de la desgracia de la tortilla:

> / El rostro / se me encendió con ira en contra dél. Mas como no estaba en mi muladar y me hallé desarmado en un desierto, reportéme por no poder cantar como quisiera que es discreción saber disimular lo que no se puede remediar, haciendo el regaño risa. (I, 154)

Semejante fue su actitud ante el abusivo cocinero cuando lo acusó de ladrón frente al hidalgo: "bajé la cabeza, y sin decir palabra me fui avergonzado: que es más gloria huir de los agravios callando, que vencerlos respondiendo" (I, 315). Igual hizo al principio en casa del Embajador, cuando sus compañeros le decían "el nombre de las Pascuas": "Haga conchas de galápago y lomos de paciencia, cierre los oídos y la boca quien abriere la tienda de los vicios" (II, 62).

Mas pronto adquiere "la propiedad de la hiena" (I, 100) y se convierte en el ladrón que se aprovecha de la mala fama de otros ladrones. Recuérdese lo dicho sobre los murmuradores como ladrones de honra. Guzmán es ladrón en los dos sentidos, según ilustran los episodios en que roba al logrero de Barcelona y al de Milán. Acusa al barcelonés de haberle robado el "agnus dei". Antes de que éste pudiera responder a la acusación:

> No le dejé hacer baza; quise ganar por la mano acreditando mi mentira porque no encajese su verdad. Que el oído del hombre, contrayendo matrimonio de presente con la palabra primera que le dan, tarde la repudia, con ella se queda. Son las demás concubinas, van de paso, no se asientan. (I, 359-60)

El Guzmán que roba al milanés es ya ladrón experimentado. Al alarde de esa experiencia dedica casi dos capítulos que se podrían llamar épicos, pues lo que narran es, aunque de ladrones, una batalla.[7] Dice: "Conformidad teníamos ambos en engañar, mas eran muy diferentes de las mías las trazas que él debía tener pensadas" (II, 220). Véase cómo describe la derrota de su contendiente: "Mostróse tan turbado y temeroso, viéndome tan colérico y resuelto, que no supo qué decir" (II, 222); "el mercader estaba tan loco que no sabía qué decir" (II, 224); "Ya en este punto quedó el mercader absolutamente rematado, sin saber qué decir ni alegar" (II, 225).[8]

Más que la destreza de Guzmán, es el mal nombre lo que vence al logrero: "Él—como dije—tenía mal nombre, que para mi negocio estaba probado la mitad. Y aquesto tienen siempre contra sí los que mal viven: pocos indicios bastan y la hacen plena" (II, 226). Por experiencia propia y ajena, Guzmán reconoce el fatalismo del nombre: "el nombre sigue a el hombre" (II, 262). Sabe del peligro al que continuamente se expone el poseedor de un mal nombre. Aprende que es imposible deshacerse de él violentamente: "Porque con cuanta violencia lo pretendiere desechar, tanto más arraiga y se fortalece" (II, 103). Esto se lo enseñó su experiencia de escritor: "Esto propio le sucedió a mi pobre libro, que habiéndolo intitulado *Atalaya de la vida humana*, dieron en llamarle *Pícaro*"(II, 104).[9] Por eso, aconseja usar la discreción y la prudencia, como hiciera el Cardenal: "Haga nombre del mal nombre quien desea que se la caiga presto" (II, 103). Es lo que hace con el "mal nombre que tenía en toda Roma", siendo gracioso y alcahuete del Embajador, tras el suceso del cerdo:

> Parecióme dislate y bobería hacer aquellos melindres y, pues el daño era público y de alguna manera no podía estar callado, que sería mucho mejor hacer el juego maña, ganar por la mano, salirles a todos a el camino, echándolo en donaire y contándolo yo mismo antes que me tomasen prenda entendiendo de mí que me corría, que por el mismo caso fuera necesario no parar en el mundo. (II, 103)[10]

Este razonamiento, que está a la base de la narración de la vida de sus padres—"fue su vida tan sabida y todo a todos tan notorio, que pretenderlo negar sería locura y a resto abierto dar nueva materia de murmuración" (I, 101)—sirve igualmente de base a la narración de su propia vida.

Ya hemos hecho referencia a los temores que manifiesta el narrador ante las pasadas, presentes y futuras murmuraciones respecto a su confuso origen y a su condición de mal nacido. Tanto pesa este hecho en su existencia que llega a borrar su nombre de pila, el cual nunca sabemos. Por siempre, los lectores, ficticios y reales, estaremos repitiendo que su nombre es Guzmán de Alfarache.[11] En este sentido, los lectores de su "vida" estamos en la misma posición que los criados que lo acompañaron camino de Malagón a Almagro: "como no sabían otra cosa más de lo que me habían oído, respondían que me llamaba don Juan de Guzmán" (I, 347). La historia de su vida, según él la cuenta, es la afirmación del nombre elegido, haciendo que "el nombre siga a el hombre", y del padre elegido, pues "la sangre se hereda" (I, 105).

2. Las partes del discurso narrativo

La disposición del discurso narrativo refleja o responde a las intenciones del narrador, a su visión del mundo "real" y del "ficticio". Por ejemplo, la división bipartita que propone Guzmán al principio entre la definición o historia de sus padres y lo definido o su propia historia, o la que propone en la segunda parte mediante el título de su discurso, *La vida de Guzmán de Alfarache, atalaya de la vida humana*, sugieren una relación de semejanza entre las dos partes: padre-hijo, Guzmán-humanidad, la imagen y el espejo. La disposición en partes de la historia o acción deberá cumplir el propósito tanto de Alemán como del narrador de convertir a Guzmán de Alfarache en "ladrón famosísimo".

Según la poética retórica, el discurso debe tener principio, medio y fin. En la acción y la historia se han señalado cuatro partes: la prótasis o exposición, la epítasis o núcleo de la trama, la catástasis o punto culminante y la catástrofe o desenlace. La epítasis y la catástasis corresponden al medio o nudo de la trama.[12] Los sociolingüistas Labov y Waletzky señalan en las narraciones orales que recogieran en Harlem un elemento al que volveremos más adelante, la evaluación. Señalan también un resumen inicial ("abstract") y una coda. Las demás partes coinciden con las de la retórica: orientación, complicación y solución.[13] Aparte de estas coincidencias, nos llevó a considerar ambos modelos el hecho de que aunque el *Guzmán* se lee como un discurso extraordinariamente culto, intenta a la vez recrear el carácter oral y a veces coloquial de los discursos narrativos de caminantes y pícaros, como señaláramos en el primer capítulo de este estudio.[14] Debemos añadir que el esquema—resumen, orientación, complicación, punto culminante, desenlace, coda y evaluación—se aplica tanto a los episodios, novelitas, anécdotas, etc. que abundan en el *Guzmán* como al discurso principal.

A. Resumen

El resumen, que según Labov contesta a la pregunta "¿De qué trata el relato?", puede darse en una narración literaria mediante el título o, como se acostumbraba durante el Renacimiento, mediante resúmenes al inicio del libro y de los capítulos. En el caso del *Guzmán* podemos señalar el título: *La vida de(l Pícaro) Guzmán de Alfarache, atalaya de la vida humana*, la frase inicial: "El deseo que tenía—curioso lector—de contarte mi vida" y la "Declaración para el entendimiento deste libro" (I, 88-89), en que se adelanta que el protagonista-narrador fue "ladrón famosísimo", idea en la cual insiste Alemán en el proemio al "Letor" de la segunda parte (II, 21).

B. Orientación

La orientación está constituida por los primeros dos capítulos: "En que Guzmán de Alfarache cuenta quién fue su padre" (I, 99) y "En que Guzmán de Alfarache prosigue contando quiénes fueron sus padres y principio de conocimiento y amores de su madre" (I, 121).[15] En ellos se ofrece la "definición" de la "vida" de Guzmán: la prostitución de su madre, la multitud de "padres", que lo hace "hijo de ninguno" y la multitud de vicios que, repitiendo la voz común, confiere a su padre electo—logrero, confeso, hermafrodita, alcahuete y chantajista de la justicia.[16] Se ofrece también la tesis en que Guzmán fundamenta su legitimidad: "La sangre se hereda y el vicio se apega" (I, 105). En la "vida" del Pícaro, el narratario descubrirá que éste posee las mismas "flaquezas" de sus padres: "todos dirán: 'bien haya el que a los suyos parece'" (I, 101).

La orientación concluye con la *invención* de "Guzmán de Alfarache". Del mismo modo en que el narrador *elige* al "levantisco" como padre—"Por suyo me llamo, por tal me tengo" — y por la misma razón—"antes que diga un cualquiera que soy malnacido y hijo de ninguno" (I, 136)—se inventa un nombre. En esto sigue la tradición materna; es igualmente imposible saber el verdadero apellido de Marcela:

> Los cognombres, pues, eran como quiera, yo certifico que / la madre de Marcela / procuró apoyarla con lo mejor que pudo... A los Guzmanes era donde se inclinaba más y certificó en secreto a mi madre que, a su parecer, según le ditaba su consciencia y para descargo della, creía, por algunas indirectas, haber sido hija de un caballero, deudo cercano a los duques de Medinasidonia. (I, 140)

Por la misma razón que no podemos saber el apellido paterno, no podemos saber el materno. Por ser hijos de tantos, Marcela y Guzmán son hijos de ninguno. Así nacen. Mas para poder sobrevivir en una sociedad en que el linaje es obsesión necesitan un nombre, Marcela Guzmán, por ejemplo. En el caso del Pícaro, no se trata simplemente de ponerse un falso nombre, sino de un volver a nacer. A este nacer de nuevo precede la soledad en que les deja a él y a Marcela la muerte del "extranjero": "quedé solo" (I, 147).[17] Queda solo con su madre. Entonces decide probar fortuna "para salir de miseria, dejando mi madre y tierra" (I, 142). Pero esta vez no ha de salir como del vientre de Marcela, sin padre ni apellido. Curiosamente, el ficticio apellido de su madre lo convierte en nombre y un nombre lo transforma en apellido: "púseme el Guzmán de mi madre, y el Alfarache de la heredad adonde tuve mi principio. Con esto salí a ver mundo" (I, 142).

No es contradicción que afirme la paternidad del "levantisco" negando su apellido, pues éste fue adquirido "a posteriori", mediante un proceso legal, el matrimonio. Además, y sobre todo, dicho apellido, debido al afeminamiento del nombrado, había adquirido connotaciones negativas al acto fecundador. La impotencia del nombre propio del padre escogido se nota en que nunca es mencionado: se le llama "levantisco", "extranjero" y el castrante de "la comendadora" (I, 136). Con el nombre de tal individuo no probaría nada a su favor, sino más bien a favor de las murmuraciones.

En cambio, el nombre del lugar donde supuestamente ocurrió el encuentro sexual entre Marcela y el "extranjero", donde alegadamente tuvo Guzmán su "principio", sí es argumento poderoso, pues desmiente la "voz popular", asegurando que el padre "legal" bien pudo haber sido el engendrador. A la vergüenza del no nombre opone el mal nombre: Guzmán de Alfarache, que arrastra tras sí no sólo el acto fornicario, sino también toda la ruin herencia de los que en la "heredad" de Alfarache lo cometieron.

C. Complicación y evaluación

La complicación de la trama, que según Labov contesta a la pregunta "¿qué ocurrió entonces?" (Labov, 370), confirma lo propuesto en la orientación: Guzmán de Alfarache como hijo del "levantisco". Para ello, no sólo repite las flaquezas de éste, sino que las multiplica, sobresaliendo en ellas y haciéndolas su mejor seña de identidad. El autoengrandecimiento, función natural de las narraciones personales, adquiere un valor intencional. Como el "levantisco', Guzmán es afeminado (II, 61); como él, "por ativa o por pasiva", enajena su cuerpo, no una sino muchas veces: con el Embajador, con Favelo, con el cómitre y con el caballero de la galera; es alcahuete de su esposa, pero no en una ciudad, sino en tres: Alcalá, Madrid y Sevilla; es confeso y, sobre todo, ladrón. Justamente, la mejor prueba de legitimidad, la mejor seña de identidad, es su inclinación a "probar la mano", o sea, a ser "levantisco". En la cueva de ladrones que era la casa del cocinero para quien trabajara, sus compañeros, "para probarme hicieron cebaderos, poniéndome moneda donde forzosamente hubiese de dar con ella. Querían ver si era levantisco, de los que quitan y no ponen" (I, 297).[18]

El desarrollo de la acción muestra al protagonista convirtiéndose en "ladrón famosísimo", tal y como lo anticipara Alemán en su "Declaración", donde expone el plan de la obra. Por ladrón cae preso y lo envían a la galera, donde escribe su "vida", no olvidemos. El narratario deberá ser persuadido de que el protagonista merece la fama. En otras palabras, el narrador deberá dar credibilidad a su historia. Esto se logra mediante la amplificación dirigida a exagerar y que, según Lausberg, "consiste en la extensión espacial de la expresión".[19] Una de las funciones de la amplificación dentro del discurso narrativo es lo que Labov y Waletzky llaman "evaluación", mediante la cual el narrador expresa el por qué, la razón de ser de su relato (Labov, 366). En las narraciones breves estudiadas por estos sociolingüistas, la sección evaluativa precede al punto culminante, suspendiendo la acción momentáneamente, pero también puede ocurrir a lo largo de la narración, convirtiéndose en una segunda estructura junto a las cláusulas estrictamente narrativas (Labov, 369). Los artificios evaluativos transmiten el mensaje de que lo que se narra merece ser narrado (Labov, 370-71). La evaluación puede ser externa o directa, en voz del narrador dirigida al narratario, o puede ser indirecta, dramatizada, en voz de algún personaje (Labov, 371-72). Los hechos narrados constituyen en sí mismos una evaluación. Si se narran es porque se ha considerado que son dignos de contar. Guzmán está consciente de este recurso evaluativo, según revela el pasaje que citáramos en el capítulo anterior sobre la "común y general costumbre" de los que "recitan y refieren" alguna cosa: "Cada uno le da sus matices y sentidos, ya para exagerar, incitar, aniquilar o divertir, ... levantando de punto lo que se les antoja, graduando... al necio de sabio, al feo de hermoso y al cobarde de valiente" (I, 104). Nuestro narrador gradúa al "mal nacido y hijo de ninguno" de "ladrón famosísimo".

Si es cierto que la narración de Guzmán de Alfarache va dirigida a engrandecer su identidad como ladrón, deberá contener una serie de comentarios que evalúen externa e internamente—ya por boca del narrador, ya del protagonista o de otro personaje—su "ciencia", su carrera y, por ende, su relato. Estos comentos guían al narratario por la tortuosa y digresiva narración, de modo que no pierda el rumbo. Debido a que este tipo de evaluación, contrario al estudiado en el capítulo II, es por lo general interno, contenido en la cláusula narrativa, resulta muchas veces apenas indistinguible de ésta e inseparable. Esto se verá según reconstruyamos los acontecimientos que forman el nudo de la historia.

La complicación se extiende desde la acción inicial hasta el punto culminante. La acción inicial se desprende de la orientación, enlazándola con el nudo de la trama y, por lo tanto, con la historia en sí. Dicha acción le provee al narratario el indicio más claro para juzgar la dirección que ha de tomar el protagonista y, por consiguiente, su historia. Tras la muerte del padre y la decadencia física que le impide a Marcela venderse, Guzmanillo decide hacer su propia vida: "El mejor medio que hallé fue probar la mano para salir de miseria, dejando mi madre y tierra" (I, 142). Este "probar la mano", además de referirse a probar fortuna, a intentar algo, es una referencia al acto de robar. Guzmán rechaza a la madre tres veces: convirtiendo el apellido Guzmán en nombre, abandonándola y abandonando su tierra materna, Sevilla. En cambio, se identifica totalmente con el padre poniéndose el apellido de Alfarache, asumiendo su oficio de ladrón y yéndose a la tierra paterna, Génova, a "conocer mi sangre y saber quiénes y de qué calidad eran mis deudos" (I, 323).[20] El narratario, el lector de la época estaría al tanto de la fama de los genoveses como mercaderes sin conciencia (I, 400-401), que en lenguaje guzmaniano equivale a "ladrones de bien" (II, 237). De modo que esa acción inicial se produce entre el pasado de un ladrón y el futuro de otros ladrones que Guzmán conocerá en Italia y que confirmarán su legitimidad. Se inicia el curso y discurso de su vida.

Como si la voluntad y la sangre no bastaran, el destino también lo inclina a "probar la mano". En el camino, a las afueras de Sevilla, unos cuadrilleros que perseguían a un ladrón confunden a Guzmán con éste: "¡Ah ladrón, ah ladrón, aquí os tenemos!" (I, 192). No se dan cuenta del error hasta haberlo golpeado brutalmente. Más adelante, el narrador—tal vez el protagonista—evaluará el suceso: "Vesme aquí ... acusado de ladrón en profecía" (I, 251). E insiste en la fatalidad del oficio en otro comentario referente al episodio de los cuadrilleros: "conociendo por presagios mi perdición" (I, 253). Esa voz profética lo perseguirá a través de su vida y de la narración.

La profecía comienza a cumplirse inmediatamente, gracias a un ventero que le da las primeras lecciones (I, 259-61). Mas aquellos robos no excitan el ánimo ambicioso del aprendiz de pícaro; para él, aquélla era "vida descansada" (I, 262). Se va a Madrid, donde sirve como pícaro de cocina. La casa del cocinero es una escuela de ladrones. En ella, como todos, "Hurtaba lo que podía" (I, 297). Se confirma el segundo elemento de la definición que justifica su vida: "La sangre se hereda y el vicio se apega" (I, 105). No hay salida: "Andaba entre lobos: enseñéme a dar aullidos: (I, 303). Sin embargo, desde esos aullidos primerizos Guzmán se siente distinto a los demás: "Yo también era razonable principiante, aunque por diferente camino" (I, 303). Tiene aspiraciones de grandeza: "De pequeños principios resultan grandes fines" (I, 303). Tiene fe en su talento, el cual manifiesta no sólo en el aprendizaje sino también en la improvisación: "Estos hurtillos de invención, de cosecha me los tenía y la ocasión me los enseñaba; mas los de permisión siempre andaba con cuidado para saberlos usar cuando los hubiese menester" (I, 294). La mejor evaluación de las habilidades que Guzmanillo muestra para el robo se da en voz y en las acciones de otros personajes, como sus compañeros pícaros de cocina, también ladrones: "Ya no se fiaban de mí; llamábanme, uno cedacillo nuevo, otro, la gata de Venus" (I, 303). Su deseo de aprender lo lleva a la imprudencia de imitar a los "acreditados y envejecidos en hurtar" (I, 305), como su amo. Por eso, cuando lo despiden, pretende colocarse con algunos "amigos" del cocinero, "porque ya sabía un poquillo y holgara saber algo más, para con ello ganar de comer" (I, 317). Mas la carta de recomendación que lleva es su bien merecida fama, pues lo despidieron "a voz de ladrón" (I, 318). El temor de estos ladrones experimentados ante el aprendiz de ladrón es la más elocuente evaluación de la ciencia de Guzmanillo.

Pronto comete su primer gran robo, al especiero (I, 322-24), cuyo dinero emplea para disfrazarse de galán y de señor, adelantándose demasiado a su deseo de ser "ladrón de bien". En Barcelona, comete su segundo gran robo, que muestra mediante una situación paralela que la profecía se ha cumplido. El "¡Ah ladrón, ah ladrón, ...!" (I, 192) de los cuadrilleros halla eco en el "¡Al ladrón, al ladrón, ...!" (I, 359) con que Guzmán acusa a su víctima ante los soldados. Este episodio señala otro hecho: el vicio de Guzmán tiene una audiencia que lo celebra como gracia; en este caso, el capitán del barco que lo llevará hasta Italia: "¿Cuál embeleco tienes ya trazado, Guzmanillo? ¿Hay por ventura cuajadas algunas de las bellaquerías que sueles?" (I, 357).

En Italia, se convierte en mendigo, una manera de hurtar, pues "pidiendo sin tener necesidad, lo quitábamos al que la tenía, usurpando nuestro vicio el oficio ajeno" (I, 394). Otras variantes de ladrón practicadas por Guzmán son el gracioso, que, puesto que la murmuración es la "salsa de las gracias", equivale a murmurador, que es, como dijimos, ladrón de honras, pues "se sustenta con la honra de su conocido" (II, 234); el alcahuete, que se sustenta de la honra de su esposa; y, en cierto modo, el estudiante, ya que se pagó sus estudios con el dinero que obtuviera siendo logrero; además de que su motivación para hacerse "buen predicador" fue tener "cierta la comida" (II, 364).

De mendigo pasa a paje, hallando en el Cardenal y sus invitados nueva audiencia para sus "embelecos" y "bellaquerías". Como siempre, se compara con sus compañeros de oficio, los cuales, a su lado, eran "rateruelos" (I, 426). Gracias a los retos, y por ello, al estímulo del Monseñor, su "ciencia" gana en sofisticación:

> "¿Qué te parece desta fruta, Guzmanillo? ¡Aquí no se puede meter el brazo! ¡Poco valen las cuñas!"
> Respondíle al punto: "Monseñor ilustrísimo, donde no valen cuñas aprovechan uñas ..."
> Replicóme: "¿Cómo entrarán las uñas ni la mano, de la manera que están?" "Ésa es la ciencia—le respondí—que estando de otra

fácil de ser abiertos, ni grado ni gracias. En las dificultades han de conocerse los ingenios ..." (I, 438)

Para mover a admiración, Guzmán roba la fruta: "Quedaron admirados de pensar cómo pudo haber sido" (I, 440); "monseñor quedó escandalizado de la sutileza del hurto, ... Temíase de mis mala mañas (I, 441). Al darle a guardar otras conservas, por temor a que de lo contrario, se las robara, no hace sino reconocerle su destreza, que el nada modesto Guzmán admite: "conozco de mi habilidad y flaqueza" (I, 444). Tras robarlas, confiesa que "aquello hice solamente para la ostentación del ingenio" (I, 445). El vicio del juego le cuesta el puesto con el Cardenal. El jugador es otra variante del ladrón. También en él procura Guzmán sobresalir y mostrar su ingenio: "Siempre procuré aprovecharme de todas cuantas trampas y cautelas pude" (I, 446).

Ya hablamos del gracioso y del alcahuete como variantes del ladrón. Ambas cosas fue Guzmán al servicio del Embajador. Cuando se preparaba para "hacer libro nuevo", entra en escena Sayavedra, que, mandado por Alejandro, le hurta los baúles. Mas este hurto de que es víctima parece ser el acicate que necesitaba para convertirse en "ladrón famosísimo".[21] El personaje de Sayavedra le sirve para, por contraste, alardear de su superioridad: "todo el mundo es la Rochela en este caso: cada cual vive para sí, quien pilla, pilla, y sólo pagan los desdichados como tú. Si fueras ladrón de marca mayor, ..." (II, 188); "Quien se precie de ladrón, procure serlo con honra, no bajamanero" (II, 208). Antes ha llamado a Sayavedra "ladroncillo, cicatero y bajamanero" (II, 122). Nótese su desprecio por los ladrones como Sayavedra y su hermano, que representa el desprecio de Alemán por Martí y su Guzmán: "Pero dejemos agora estos ladrones aparte y vuelvo a mí" (II, 209). En otras palabras, "Dejemos a estos ladroncillos y volvamos a mí, ladrón de marca mayor".

El hurto al mercader milanés es el primero que le da a Guzmán nombre de "ladrón famosísimo". El epígrafe del capítulo en que se narra dice: "Sayavedra halla en Milán a un su amigo en servicio de un mercader. Guzmán de Alfarache les da traza para hacerle un famoso hurto" (II, 206). Ya con el dinero en su habitación, el cabecilla aprovecha para darle una lección a su criado, un alarde de ingenio que funciona como evaluación de lo que se acaba de narrar:

> ... mi criado no lo acababa de creer ni tocándole las manos. Parecíale todo sueño y no posible haber salido con ello. Santiguábase con ambas manos de mí, porque, aunque cuando en Roma me conoció, supo mi vida y tratos, teniéndome por de sutil ingenio, no se le alcanzó que pudiera ser tanto y que las mataba en el aire, pudiendo ser muchos años mi maestro y aun tenerme seis por aprendiz.
> Entonces le dije: "Amigo Sayavedra, ésta es la verdadera ciencia, hurtar sin peligrar y bien medrar. Que la que por el camino me habéis predicado ha sido *Alcorán* de Mahoma. Hurtar una saya y recebir cien azotes quienquiera se lo sabe: más es la data que el cargo. Donde yo anduviere, bien podrán los de vuestro tamaño bajar el estandarte" (II, 228).

El próximo hurto que merece el calificativo de "famoso" es a sus "parientes" genoveses, bajo el nombre de don Juan de Guzmán.[22] Tan temible se ha vuelto su ciencia que se compara con un león: "Si bien conociesen al que aquí está con piel de oveja, se les haría león desatado... Pues a fe que les hubiera sido de menos daño Guzmán de Alfarache con sus harrapiezos, que don Juan de Guzmán con sus gayaduras" (II, 249-50).

Desaparecida en el mar la sombra de ladrón que era Sayavedra (y el Guzmán de Martí)—""¡Yo soy la sombra de Guzmán de Alfarache! ¡Su sombra soy, que voy por el mundo!'" (II, 274)—Guzmán llega a Madrid con plena conciencia de su identidad. En la venta en que se hospeda, se aparece un día un alguacil: "Levantéme alborotado de la mesa y el alguacil me dijo: 'Sosiéguese V. Md., que no es por ladrón'. 'Antes no creo que puede ser por otra cosa—dije entre mí—'" (II, 322).

En Madrid, se hace mohatrero: "me alcé a mayores con lo más que pude" (II, 339).[23] Incluso, se casa para mejor hurtar: "como la ostentación suele ser parte de caudal por lo que a el crédito importa, presumía de que mi casa, mi mujer y mi persona siempre anduviésemos bien tratados" (II, 332). El negocio de las contraescrituras, que aprende del suegro, amplía su repertorio de mañas, más peligrosas, más sutiles. Pero ya no corre peligro; es "ladrón de bien":

> Hice aquella vez lo que solía hacer siempre; mas con mucha honra y mejor nombre. Que, aunque verdaderamente aquesto es hurtar, quédasenos el nombre de mercaderes y no de ladrones. En esto experimenté lo que no sabía de aqueste trato. Estas tretas hasta entonces nunca las alcancé. (II, 334)

El regreso a Sevilla marca una época de decadencia: "Halléme roto, sin que me vestir ni otro remedio con que lo ganar, sino con el antiguo mío" (II, 421), o sea, "probar la mano". Dice el epígrafe: "Vuelve a hurtar como solía" (II, 412). Se junta con otros; y aunque "servíales de dar trazas" (II, 421), los hurtos que cometen no dicen mucho de su ingenio. Irónicamente, uno que califica de "hurtillo" es el que le abre el camino a la galera: "este hurtillo fue mi perdición, siendo el último que hice y el que más caro de todos me costó" (II, 424). Recuérdese cómo en el episodio de los cuadrilleros conoce "por presagios mi perdición" (I, 253).

Con el producto del "hurtillo" traza otro, fingiendo santidad: "El fraile, cuando me oyó y vio tan heroica hazaña, creyó de mí ser un santo" (II, 425). Así consigue el puesto con la señora del indiano, a la que, según el epígrafe, "roba" (II, 428). La imagen del lobo reaparece para explicar lo que se ha convertido en incontrolable inclinación: "cuando de ajena sustancia comía, cuando de lo del prójimo gastaba, un lobo estaba en mi vientre: nunca pensaba verme harto" (II, 431). La imagen enlaza el final de su carrera con el inicio: "Andaba entre lobos: enseñéme a dar aullidos" (I, 303). Ya en esa ocasión, había anticipado su fin: "De pequeños principios resultan grandes fines ... : comenzó mi total perdición" (I, 303). Los "grandes fines" ya los había alcanzado siendo mercader, que fueron "comer con trompeta", llegar "a mayores", no "temer", porque "un lobo a otro nunca se muerde" (II, 190). Y volverá a intentarlo nuevamente, con la hacienda de la señora:

> No sabía mi ama de más hacienda ni más poseía de aquello que yo le daba. La de la ciudad estaba en mi mano y juntamente gobernaba la del campo y toda la esquilmaba. Porque mi disinio era hacer una

razonable pella y dar comigo lejos de allí a buscar nuevo mundo. (II, 433)

El fin que alcanza esta vez no es "comer con trompetas", sino la cárcel. Allí, su identidad es revelada al "buen religioso" por el escribano: "... sacó los procesos que contra mí tenía y, haciéndole relación de las causas, *diciéndole quién yo era*, los hurtos que había hecho y embelecos de que usaba" (II, 435; el subrayado es mío). El fraile, a su vez, cuenta el caso con el que Guzmán se acreditó ante él como santo. "Cuando el escribano le oyó, sintió en el alma mi maldad, ... indinóse contra mí de manera... que, si en su mano fuera, me ahorcara luego" (II, 435), indignación que recuerda la del narrador contra su padre (I, 110). De este modo, la horca hace su aparición en el horizonte de Guzmán, como antes en el del "levantisco" y demás ladrones.

La fuerza de la costumbre—el lobo que había internalizado—es tanta, que aun preso hurta: "Cuando me vi galeote rematado, rematé con todo al descubierto. Jugaba mi juego sin miedo ni vergüenza" (II, 441); "cobrando mis derechos a los nuevos presos, pasaba gentil vida y aun vida gentil.... Estafaba a los que entraban" (II, 444). Camino a la galera, había robado un lechón (II, 447), y, acabando de llegar, dos rosarios a un pasajero (II, 448). Movido por el deseo de libertad, se controla y vuelve a fingir santidad; mas la voz profética de los cuadrilleros re-encarna en Soto (II, 463), "la mala voz con que Soto me publicaba por malo" (II, 468) y que llega a acusarlo de haber robado el trencellín del amo: "le oyeron decir que yo con la privanza lo habría hurtado" (II, 471).

D. Punto culminante

Igual que el mercader milanés de cuyo mal nombre se aprovecha Guzmán para robarle, el galeote es víctima de su mala fama. Esto ocurre cuando más le convenía deshacerse de ella, pues esperaba lograr la libertad a través del caballero pariente del capitán. Para entender hasta qué punto ha llegado Guzmán el ladrón, hay que comparar este momento con sus inicios en casa del cocinero. En Madrid, los otros pícaros querían ponerlo a prueba con "cebaderos", esto es, dejando monedas donde

Guzmanillo las viera. El pretendía no verlas o que las hallaba y las devolvía. Cuando hurtaba, lo hacía "de modo que no se pudiera causar sospecha contra mí" (I, 297). Ahora, en la galera, basta con que algo desaparezca para que se sospeche del ingenioso forzado. Guzmán se ha forjado una identidad. Así lo confirma nada menos que el más importante viajero de la galera, el caballero, en quien la voz profética encarna de manera definitiva: "Ya os conozco ladrón y sé quién sois ..., y sois Guzmán de Alfarache, que basta" (II, 472). El nombre lo dice todo. La confirmación que acontece en la galera cierra el círculo que se iniciara en Sevilla, cuando Guzmanillo se auto-bautiza: "púseme el Guzmán de mi madre, y Alfarache de la heredad adonde tuve principio" (I, 142), con que se inicia la trama: "Con esto salí a ver mundo" (I, 142), a "probar la mano" (I, 142). Como hiciera antes el escribano (II, 435), el caballero define a Guzmán por el oficio. El "quién era yo" (II, 435) y el "sé quién sois" equivalen a "ladrón". Incluso el nombre "basta" para definir la esencia y "virtud" del personaje. Por boca del escribano primero y del caballero luego, el narrador "gradúa como conde palatino" (I, 104) al protagonista de ladrón por antonomasia.

En este punto, la "vida" del Pícaro alcanza su clímax. El narrador anuncia el cambio definitivo que tras el momento culminante deberá ocurrir en el desenlace: "Que ya se iba haciendo tiempo de levantarme y era necesario caer primero" (II, 472). Tras ser "reconocido" como el ladrón del trencellín, Guzmán es cruelmente castigado: "Entonces conocí qué cosa era ser forzado" (II, 474). Las alusiones a la crucifixión de Jesús (II, 473, n. 37) y los verbos de movimiento ascendente—"Subiéronme arriba donde me tuvieron grande rato atado por las muñecas de los brazos y colgado en el aire", "Arrizáronme" (II, 474)—preceden al momento de mayor degradación del galeote, cuando lo envían a la corulla: "aquésta es la ínfima miseria y mayor bajeza de todas" (II, 477). Como él mismo dice, "bajar a más no era posible" (II, 477). Las alusiones a la crucifixión resultan más blasfemas que irónicas si consideramos que con ellas el narrador usurpa para su ladrón el lugar correspondiente al Redentor, pues en vez de comparar al galeote azotado con los dos ladrones, lo compara con Cristo. Aun en esto, el narrador actúa como ladrón.

E. Desenlace

Como las "desgracias" del protagonista han alcanzado su punto de máxima tensión, es lógico esperar la distensión, o desenlace. Si el momento climático corresponde a un descenso a la "mayor bajeza de todas", el desenlace o solución deberá consistir en un ascenso. Este se anticipa, como dijéramos, en el clímax: "ya se iba haciendo tiempo de levantarme y era necesario caer primero" (II, 472).[24] El narrador vuelve a insistir en anticipar la solución al confesar su más íntimo pensamiento: "yo siempre confié levantarme, porque bajar a más no era posible"(II, 477).

Este "levantamiento" se refiere, como bien señala Brancaforte, al "logro de su libertad" (II, 472, n. 31). Por lo tanto, el desenlace de la "vida" de Guzmán equivale a "lo que más le achacaron" al "levantisco": "que estuvo preso / y / se libró" (I, 110-11). Ése es el privilegio de los "ladrones de bien", de los cuales ha dicho que "viven sustentados en su reputación, acreditados con su poder y favorecidos con su adulación, cuyas fuerzas rompen las horcas y para quien el esparto no nació ni galeras fueron fabricadas" (II, 237). Recordemos cómo, para animar al apocado Sayavedra, le pone como ejemplo a los que "condenan a otros a la horca, donde parecieran ellos muy mejor y con más causa" (II, 189) y lo insta a que alargue el ánimo: "No andes a raterías, ... que no se saca de tales hurtos otro provecho que infamia". En resolución, "morir ahorcados o comer con trompeta" (II, 190). Al comentar "lo que más le achacaron" a su padre, denuncia las "estrategemas de mercaderes" para que, esto es lo que él alega, "se castigara y tuviera remedio esta honrosa manera de robar, aunque mi padre estrenara la horca" (I, 110). Pero su padre se libra. También Guzmán: "exagerando el capitán mi bondad, inocencia y fidelidad, pidiéndome perdón del mal tratamiento pasado, me mandó desherrar y que como libre anduviese por la galera, en cuanto venía cédula de Su

Majestad, en que absolutamente lo mandase" (II, 479-80). En cambio:

> Condenaron a Soto y a un compañero, que fueron las cabezas del alzamiento, a que fuesen despedazados de cuatro galeras. Ahorcaron cinco; y a muchos otros que hallaron con culpa dejaron rematados al remo por toda la vida, siendo primero azotados públicamente a la redonda de la armada. Cortaron las narices y orejas a muchos moros, para que fuesen conocidos. (II, 479)

Cinco ocupan la horca en lugar de Guzmán, que además de ladrón de honras y de haciendas, es ahora ladrón de vidas, y que sufre una desfiguración inversa a la de los moros, pues si a ellos les cortaron narices y orejas, a Guzmán el capitán exagera su bondad, inocencia y fidelidad. El narratario podrá decir entonces: "bien haya el que a los suyos parece" (I, 101). La legitimidad de Guzmán de Alfarache se afirma en la completa identificación con el "levantisco" y su parentela. Pero más que un parentesco de sangre es de condición. Por eso es rechazado en su primera visita a Génova el "mozuelo picarillo, al parecer ladrón" (II, 247), mientras que en la segunda, el león "con piel de oveja", "gallardo gastador, galán vestido" (II, 250) es idolatrado: "Yo era el ídolo allí de mis parientes" (II, 249). La cuestión es ser ladrón, no parecerlo.

La narración de su vida responde, pues, a estos dos estímulos: adquirir un nombre y con él una identidad, desmintiendo los indicios de ser un mal nacido, y afirmar ese nombre y esa identidad, autoengrandeciéndose, "haciendo nombre del mal nombre", nombre de ladrón famosísimo. Tras muchos años, desde su época de paje del Cardenal, a quien viera hacer "del vicio gracia" (I, 441), y de gracioso del Embajador, donde aprendió a "hacer el juego maña, ganar por la mano, salirles a todos a el camino, echándolo en donaire y contándolo yo mismo" (II, 103), o sea, a "ventear flaquezas" (II, 48), puede aún decir lo que observara siendo pícaro esportillero en Madrid, que "no hay estado más dilatado que el de los pícaros; porque todos dan en serlo y se precian dello" (I, 321), y, por lo tanto, seguir haciendo lo que siempre: "A esto llega la desventura, hacer de las infamias bizarría y de las bajezas honra" (I, 321). En otras palabras: "alarde público de sus cosas" (II, 38).

Esta actitud y filosofía pícaras las anticipa el narrador en el sermón del "docto agustino" que Guzmán escucha siendo esportillero en Madrid y en las posteriores consideraciones del picarillo. El sermón se basa en un pasaje del capítulo quinto del evangelio de San Mateo, que dice: "Así den luz vuestras obras a vista de los hombres, que miradas por ellos den gracias y alabanzas a Vuestro Padre eterno" (I, 272). Por la noche, enfermo, picado por las pulgas y desvelado, "fui recapacitando todo mi sermón pieza por pieza" (I. 273), llegando a unas personales conclusiones: su oficio de pícaro no le impide formar parte del cuerpo místico (I, 273); aún en él puede salvarse: "no faltará quien levante su corazón y los ojos al cielo, diciendo: 'Bendito sea el Señor, que aún en pícaros hay virtud. Y esto en ti será luz'" (I, 274). Pues, "la luz ha de estar como agente en algún paciente sujeto" (I, 274). Las obras, y con ellas la persona, han de ser la luz; el oficio la cera. La cera está al servicio de la luz: "¿Cuál vemos primero, la luz o la cera? No negarás que la luz. Pues haz de manera que tu oficio, que es la cera, se vea después de ti, conociendo al oficio por ti y no a ti por el oficio" (I, 274-75).

La primera afirmación del caballero, "Ya os conozco ladrón", prueba que Guzmán no sigue el consejo del agustino, sino que sigue el camino de "otros que hacen del oficio luz" (I, 275). Es su manera de llegar a ser alguien, haciendo "de las infamias bizarría y de las bajezas honra", "del vicio gracias", "nombre del mal nombre", para que se le caiga el de "mal nacido". El "alarde que de /sus/ cosas /nos/ representa" va dirigido a "acreditar" su mentira, que es él mismo, según confiesa en varias ocasiones: "yo todo era mentira" (I, 336), "Era mentira, embuste y bellaquería" (I, 424), "Vuelvo, pues, y digo que todo yo era mentira, como siempre" (II, 114), "todo yo era embeleco" (II, 244). Aún hoy día, el libro de su vida es conocido como *Guzmán de Alfarache*, no como *El Pícaro* ni como *Atalaya*; su nombre los incluye a ambos, y, como dijera el caballero, "basta".

F. Coda

De acuerdo a Labov, la coda sirve para señalar el fin de la narración, para expresar alguna observación general o mostrar el efecto de los acontecimientos en el narrador y para acercar el momento del desenlace al momento presente, o sea, para devolver al narrador y al narratario al punto en que entraron en la narración (Labov, 365). El último párrafo de la segunda parte del *Guzmán* cumple estas funciones. Indica explícitamente que el acto narrativo concluyó: "Aquí di punto y fin a estas desgracias" (II, 480). Evalúa los acontecimientos narrados: "desgracias", "mala vida". El "aquí" se refiere al momento narrado, en que Guzmán espera el perdón del Rey. La tercera oración sugiere que luego el protagonista vivió lo suficiente como para escribir una tercera parte, sobre la vida "que después gasté". Ya que Guzmán escribe en una galera, esto implicaría que o no sale o regresa. Otra posibilidad es que el impresor acentuara el subjuntivo "gaste". De cualquier manera, lo importante es la calidad de esa vida que se habría de relatar en la tercera parte, vivida ya o por vivir. El verbo "gastar" y el sustantivo "restante" sugieren que dicha vida es, como la de las dos primeras partes, "mala".[25] El narratario alerta no se dejaría engañar por la referencia a Dios, en cuyo poder está el darle vida al protagonista, ni porque diga que espera la vida eterna, pues, según él mismo indica, todos la esperamos, hasta los malos. Estas referencias religiosas en la coda y a través de la narración le sirven al narrador para adjudicarse por asociación, para robar, la buena fama de predicador o, al menos, de penitente. En el momento de la narración, el protagonista-narrador no ha dejado de ser quien es, o quien se esfuerza por ser: Guzmán de Alfarache.

Notas

[1]Gonzalo Sobejano, "De la intención y valor del *Guzmán de Alfarache*" *Romanische Forschungen*, 71, (1958), p. 274.

[2]Sobejano, *op. cit.*, p. 274.

[3]Cfr. William Labov y Joshua Waltezky, "Narrative Analysis: Oral Versions of Personal Experience", en *Essays on the Verbal and Visual Arts* (Seattle: University of Washington Press, 1967, pp. 12-45). De acuerdo a estos sociolingüistas, "many narratives are designed to place the narrator in the most favorable possible light: a function which we may call self-aggrandizement" (p. 34). Labov recoge ésta y otras conclusiones pertinentes a nuestro estudio en el capítulo "The Transformation of Experience in Narrative Syntax" de su libro *Language in the Inner City* (Philadelphia: University of Pennsylvania Press, 1972, pp. 354-96). En adelante, citaremos de dicho capítulo directamente en el texto.

[4]Este autoconocimiento es la inversión del conocimiento místico, según la experiencia de Santa Teresa en las moradas de su diamantino castillo interior, donde al abandonar los chiqueros exteriores encuentra a Dios en la morada central. Según la expeiencia de Guzmán, si se abandona el exterior (En palabras de Sayavedra: "vestíme de manera que con la presencia pudiera entretener la reputación de hombre de bien y engañar con la pinta", II, 195), para internarse en sí mismo, se llega a los chiqueros: "Da vuelta en ti, recorre a espacio y con cuidado la casa de tu alma, mira si tienes hechos muladares asquerosos en lo mejor della y no espulgues ni murmures que en casa de tu vecino estaba una pluma de pájaro a la subida de la escalera" (II, 38).

[5]Por ejemplo, su obsesión con el linaje lo lleva a ponerse nombres o título de "don". Véase, en la "Introducción" de Brancaforte al *Guzmán*, la sección titulada "La obsesión del linaje" (I, 37-51), en particular las páginas 3-41.

[6]De lo que no está totalmente seguro, pues "ni el retórico siempre persuade ni el médico sana ni el marinero aporta en salvamento" (II, 40).

[7]Como la vida es contienda, su filosofía es "viva quien vence", otro nombre para "ganar por la mano": "De mi vida trato en éste /libro/: quiero dejar las ajenas; mas no sé si podré, poniéndome los cabes de paleta, dejar de tiralles: que no hay hombre cuerdo a caballo. Cuanto más que no hay que reparar de cosas tan sabidas. Lo uno y lo otro, todo está recebido y todos caminan a viva quien vence" (I, 151).

[8]Compárese con la reacción de Guzmán cuando por ladrón fue despedido con insultos por el cocinero: "Quedé tan corrido, que no supe responderle, aunque pudiera y tuve harto paño" (I, 315).

[9]De acuerdo al representante del Rey, don Luis de Salazar, el manuscrito

que Alemán le presentó para su aprobación llevaba el título de *Primera parte de la vida de Guzmán de Alfarache, atalaya de la vida humana* (I, 77), que, sustituyendo *Primera* por *Segunda*, será el título que aparecerá en la portada de la *Segunda parte*, publicada en Lisboa en 1602. Sin embargo, tal vez por decisión del impresor, la portada de la edición príncipe, en Madrid, 1599, dice sólo *Primera parte de Guzmán de Alfarache* (I, 73). Parece ser que Alemán pensó también utilizar como parte de título el calificativo "Pícaro", según dice en su "Aprobación" el censor Fray Diego Dávila: "he visto un libro intitulado *Primera parte del Pícaro Guzmán de Alfarache*" (I, 75). *Pícaro* fue el nombre que le dio el público y el que utilizó Mabbe en su traducción inglesa: *The Rogue*. Rico cita pasajes de documentos en que se usa este título. El primero es uno en que Alemán da poder a Juan Bautista del Rosso para imprimir una nueva edición del *Guzmán*, "que por otro nombre se llama *El pícaro cortesano*; en el segundo, del Rosso está cediendo a Francisco Demar "quinientos libros intitulados *Guzmán de Alfarache*, por otro nombre *El Pícaro...*" (Rico, "Introducción" a *La novela picaresca*, pp. XCIII y XCIV respectivamente). En la dedicatoria a Mendoza, Alemán se refiere a su libro como "mi *Guzmán de Alfarache*" (II, 16), para contraponerlo al de Martí. Igual hace Valdés en su "Elogio": "su *Guzmán de Alfarache*" (II, 26).

[10]Hablando de las trampas que acostumbraba hacer en los juegos de naipes, siendo paje del Cardenal dice "Siempre procuré aprovecharme... ¡Cuántas pandillas hice, ... y mejoré mi punto o gané por la mano!" (I, 446-7).

[11]Para una explicación del nombre "Guzmán de Alfarache" remitimos a la "Introducción" de Brancaforte (I, 40-42).

[12]Cfr. Heinrich Lausberg, *Elementos de retórica literaria* (Madrid: Gredos, 1975), P. 42.

[13]Según Labov, "A complete narrative begins with an orientation, proceeds to the complicating action, is suspended at the focus of evaluation before the resolution, concludes with the resolution, and returns the listener to the present time with the coda" (Labov, 369). Otros nombres dados al principio, medio y fin del discurso narrativo son: estado inicial, cambio y estado final, deseo, búsqueda y hallazgo o fracaso, dependiendo del método crítico. Cfr. *Análisis estructural del relato* (Buenos Aires Tiempo Contemporáneo, 1974) y René Girard, *Mentira romántica y verdad novelesca* (Caracas: Universidad Central de Venezuela, 1963).

[14]Ya Mary Louise Pratt había aplicado los hallazgos de Labov y Waletzky a las narraciones literarias en su libro *Toward a Speech Act Theory of Literary Discourse* (Bloomington: Indiana University Press, 1977).

[15]Nótese que comienza con el "padre". Nótese además que "padres" no se refiere a "padre y madre", sino a los posibles padres de Guzmán, los hombres de Marcela.

[16]Los vicios del "levantisco" se emblematizan en el "monstruo de Ravena" (I, 119-20), que cierra el primer capítulo.

[17]Ya nos hemos referido al motivo de la soledad. En este episodio parece

adquirir connotaciones míticas: la soledad del vientre de la madre, de la tierra, de la ballena, ... que precede a la salida del héroe. Cfr. Joseph Campbell, *El héroe de las mil caras* (México: Fondo de Cultura Económica, 1959), Mircea Eliade, *Rites and Symbols of Initiation* (New York: Harper Torchbooks, 1958), Mircea Eliade, *El mito del eterno retorno* (Madrid: Alianza, 1972) y Juan Villegas, *La estructura mítica del héroe* (Barcelona: Planeta, 1978).

[18]Además de ladrón, "levantisco" significa "arribista, judío o levantino" (I, 105, n. 37).

[19]Lausberg, *op. cit.*, p. 52. De acuerdo con Lausberg, "La realización de la *persuasio* tiene lugar por la producción de un alto grado de credibilidad, aunque la opinión de la parte, antes de comenzar el discurso, la hubiese tenido tan solamente en grado muy escaso. El medio principal para conseguir la credibilidad de la opinión de nuestra parte es la *amplificatio*. Mediante ella, el orador se vuelve psicológicamente más al entendimiento o más a los afectos del juez (o del público)". (Lausberg, *op. cit.*, pp. 47-48).

[20]Salir a Génova, de donde era originario el "levantisco", muestra esa búsqueda de identidad. Como veremos luego, Guzmán hallará a sus "parientes" genoveses, pero el parentesco no se establecerá por la sangre, sino por el dinero.

[21]A nivel del autor, Alemán, en esto se entiende su deseo de darle una lección a Martí, cuyo Guzmán "no se pudo llamar 'ladrón famosísimo' por tres capas que hurtó" (II, 21).

[22]Nótese que para presentarse por segunda vez ante sus "parientes" usa el supuesto apellido materno, "Guzmán", en vez del apellido del "levantisco", el cual nunca sabemos. Guzmán no intenta ponerse el apellido de su "tío" genovés. El parentesco, como dijéramos antes, no es de sangre, sino de condición; mediante ella se igualan.

[23]Recuérdese que camino a Milán había dicho a Sayavedra que "si nos diéremos buena maña, presto llegaremos a mayores y no tendremos que temer... Que un lobo a otro nunca se muerde" (II, 190).

[24]Nuestra simplificación del desarrollo de la trama pasa por alto su estructura episódica. Cada episodio puede analizarse en las partes que hemos señalado respecto a la totalidad. Además, hay que señalar que la "Primera parte de Guzmán de Alfarache" contiene el aprendizaje del ladrón, mientras que la "segunda" relata los delitos que lo consagran como "ladrón famosísimo". Para otra aproximación a la estructura tanto general como episódica, remitimos a la "Introducción" de Brancaforte, sección "El mito de Sísifo y la estructura del *Guzmán*", II, 17-37; y a los dos primeros capítulos de su libro *Guzmán de Alfarache: ¿Conversión o proceso de degradación?*, pp. 1-56.

[25] Aunque el *Diccionario de Autoridades* (edición facsímil, II, Madrid: Gredos, 1979) define "gastar" como "usar" y cita la *Historia de Santo Domingo* como ejemplo—"consagrar su vida, y gastalla en la salvación" —, el

contexto en que se usa el término en el *Guzmán* lo vincula al código mercantil más que al religioso.

Conclusión

Una lectura del *Guzmán* que tenga en cuenta la ficción autobiográfica en todo momento y a todos los niveles del discurso comprueba que Mateo Alemán cumple el pacto narrativo que le propone al lector en la "Declaración para el entendimiento deste libro": quien narra y escribe la vida de Guzmán de Alfarache es Guzmán mismo. La verosimilitud del discurso narrativo se da en tanto éste se puede leer como el producto de su autor ficticio, a quien el autor real llama "nuestro pícaro", pícaro de Alemán y del lector. En este sentido, el triunfo mayor de Alemán es haber creado un narrador y un discurso narrativo pícaros.

La "vida" o "libro de memorias" del Pícaro Guzmán, galeote en el momento de la escritura, no es fidedigna, sino "marañada". El narrador se ha encargado de tomarle los "pasos y puertos" a la verdad, para que no se averigüe. El carácter proteico que se le ha señalado al protagonista se revela en su oficio de narrador y en su discurso, que asume constantemente diversas apariencias: conseja, consejo, confesión, alarde, ejemplo, represión, gracia, murmuración, compra-venta, y llega hasta a rayar en el exhibicionismo pornográfico. Los códigos semánticos se confunden, sobre todo el neoplatónico y religioso con el mercantil, pero también el de la retórica con el mendicante, entre otros. El libro se transforma, metafóricamente hablando de acuerdo a los códigos semánticos usados, de "vida" o autobiografía en "libro borrador" mercantil, corrillo de murmuraciones, cúmulo de piedras, púlpito, tienda de mercaderías, galera, atalaya (en tierra y mar), camino. El disimulo acompaña a la desvergüenza; la contraescritura a la escritura; el narratario al narrador y la humanidad toda al protagonista. Todos—narrador, narratario, protagonista, humanidad—se velan y revelan en constante acecho uno del otro, Dios incluso. Todos, Dios incluso, se pueden reducir a uno, el Pícaro.

El último acto del Pícaro, el de narrar por escrito su vida, tiene fines semejantes a otras acciones suyas como robar, decir gracias y hacer travesuras. Quiere sobresalir y sobrevivir. El ingenio es su caudal, su capital. Lo emplea lo mismo que ha empleado el sexo, para entretener y obtener favores. El hombre de claro entendimiento, ayudado de las letras y la experiencia, está consciente del poder de la palabra. Lo utiliza de manera que a la vez que entretiene, apedrea y hace pasar la pedrada por medicina. Hace "de las infamias bizarrías y de las bajezas honra", de modo que provoca admiración y se engrandece—irónica y hasta cínicamente—mediante el relato de sus ruines oficios, particularmente el de ladrón, que incluye a los demás. Aunque cuenta su vida, la "lima y pule", pues el galeote escritor no aparta la vista del puerto deseado, la libertad. Como el mozo de caminos, el narrador se ofrece a servir al narratario en el camino-mar de la narración. Mozo pícaro, entretiene, "cautiva", al amo, para apedrearlo a su gusto y robarle la honra con sus reprensiones y murmuraciones, la admiración con sus gracias y sutilezas y la compasión con sus lágrimas y poses de penitente. Semejante a los "ignorantes justiciados" que Alemán menciona en su "Declaración", Guzmán podría lograr como "ladrón famosísimo" y como escritor agudo e ingenioso la admiración, si no la libertad.

Bibliografía Selecta

Alemán, Mateo. *Guzmán de Alfarache.* Ed. Amancio Bolaño e Isla. México: Porrúa, 1976.

———. *Guzmán de Alfarache.* 2 tomos. Ed. Benito Brancaforte. Madrid: Cátedra, 1979.

———. "Guzmán de Alfarache". En *La novela picaresca española,* I. Ed. Francisco Rico. Barcelona: Planeta, 1970.

———. *Primera, y segunda parte de la vida, y hechos del pícaro Guzmán de Alfarache.* Madrid: Imprenta de Lorenzo Francisco Mojados, 1750.

———. *The Rogue or The Life of Guzmán de Alfarache.* Trad. James Mabbe. Londres: Constable and Co., New York: Alfred A. Knopf, 1924.

Arias, Joan. *Guzmán de Alfarache: The Unrepentant Narrator.* Londres: Tamesis, 1977.

Brancaforte, Benito. *Guzmán de Alfarache: Conversión o proceso de degradación?.* Madison: Hispanic Seminary of Medieval Studies, 1980.

———. *Sobre críticos y hombres: Réplica a Francisco Rico.* Madison: Hispanic Seminary of Medieval Studies, 1984.

Campbell, Joseph. *El héroe de las mil caras.* México: Fondo de Cultura Económica, 1959.

Cavillac, Michel. "La Conversion de Guzmán de Alfarache: De la justificatión marchande a la stratégie de la raison d'état", *Bulletin Hispanique,* 85, 1-2 (1983), 21-44.

———. *Gueux et marchands dans le "Guzmán de Alfarache" (1599-1604): Roman picaresque et mentalité bourgeoise dans l'Espagne du Siecle d'Or*. Bordeaux: Université de Bordeaux, 1983.

Comunicaciones, 8: Análisis estructural del relato. Buenos Aires: Tiempo Contemporáneo, 1974.

Cros, Edmond. *Mateo Alemán. Introducción a su vida y a su obra*. Salamanca: Anaya, 1971.

―――. *Protée et le Gueux*. París: Didier, 1967.

Curtius, Ernst Robert. *European Literature and the Latin Middle Ages*. Trad. Willard R. Trask. Princeton: Princeton University Press, 1973.

Díaz Migoyo, Gonzalo. *Estructura de la novela: Anatomía de "El Buscón"*. Madrid: Fundamentos, 1978.

Eliade, Mircea. *El mito del eterno retorno*. Trad. Ricardo Anaya. Madrid: Alianza, 1977.

―――. *Rites and Symbols of Initiation*. New York: Harper Torchbooks, 1958.

Fowler, Roger. *Linguistics and the Novel*. Londres: Methuen, 1973.

Girard, René. *Mentira romántica y verdad novelesca*. Trad. Guillermo Sucre. Caracas: Universidad Central de Venezuela, 1963.

Labov, William. "The Transformation of Experience in Narrative Syntax". En *Language in the Inner City*. Philadelphia: University of Pennsylvania Press, 1972, 354-96.

―――― y Joshua Waletzky. "Narrative Analysis: Oral Versions of Personal Experience". En *Essays on the Verbal and Visual Arts*. Seattle: University of Washington Press, 1967, págs. 12-45.

Lauerhauss, Frances H. "'Toda cosa engaña y todos engañamos': Mateo Alemán's World View Through

Picaresque Fiction". Disertación. University of California at Los Angeles, 1972.

Lausberg, Heinrich. *Elementos de retórica literaria*. Trad. Mariano Marín Casero. Madrid: Gredos, 1975.

Luján de Sayavedra, Mateo. "Segunda parte de la vida de Guzmán de Alfarache". En *La novela picaresca española*, I. Ed. Angel Balbuena Prat. Madrid: Aguilar, 1945, págs. 579-702.

Machado de Silva, Féliz. "Tercera parte de Guzmán de Alfarache". Ed. Gerhard Moldenhauer. En *Revue Hispanique*, 69 (1927), 1-340.

Molho, Maurice. *Introducción al pensamiento pícaresco*. Trad. Augusto Gálvez-Cañero y Pidal. Salamanca: Anaya, 1972.

Moliner, María. *Diccionario de uso del español*. Madrid: Gredos, 1973.

Morell, Hortensia R. "La deformación picaresca del mundo ideal en 'Ozmín y Daraja' del *Guzmán de Alfarache*". *La Torre*, 89-90 (1979), 101-25.

Parker, Alexander A. *Los pícaros en la literatura*. Trad. Rodolfo Arévalo Mackry. Madrid: Gredos, 1971.

Peale, C. George. "*Guzmán de Alfarache* como discurso oral". *Journal of Hispanic Philology*, 4 (1979), 25-27.

Piwowarczyk, Mary Ann. "The Narratee and the Situation of Enunciation: A Reconsideration of Prince's Theory", *Genre*, 9 (1976), 161-77.

Pratt, Mary Louise. *Toward a Speech Act Theory of Literary Discourse*. Bloomington: Indiana University Press, 1977.

Prince, Gerald. "Introduction a l'étude du narrataire", *Poétique*, 4 (1973), 178-96.

―――. "Notes Toward a Categorization of Fictional 'Narratees'", *Genre*, 4 (1971), 100-105.

Quevedo, Francisco de. *Poesía original*. Ed. José Blecua. Barcelona: Planeta, 1971.

Rico, Francisco. *La novela pícaresca y el punto de vista*. Barcelona: Seix Barral, 1973.

Sánchez y Escribano, F. "La fórmula del Barroco literario presentida en un incidente del *Guzmán de Alfarache*", *Revista de Ideas Estéticas*, 12 (1954), 137-42.

Smith, Hilary S. D. "The Pícaro Turns Preacher: Guzmán de Alfarache's Missed Vocation", *Forum for Modern Language Studies*, 14 (1978), 387-97.

Sobejano, Gonzalo. "De la intención y valor del *Guzmán de Alfarache*", *Romanische Forschungen*, 71 (1958), 267-311.

———. "Un perfil de la picaresca: El pícaro hablador". *Studia hispanica in honorem Rafael Lapesa*, III. Madrid: Cátedra-Seminario Menéndez Pidal, 1975, 467-85.

Villegas, Juan. *La estructura mítica del héroe*. Barcelona: Planeta, 1978.

Vives, Juan Luis. "El arte de hablar". En *Obras completas*, II. Trad. Lorenzo Biber. Madrid: Aguilar, 1948, págs. 689-806.

Whitenack, Judith. "The Destruction of Confession in *Guzmán de Alfarache*", *Revista de Estudios Hispánicos*, 8 (1984), 221-239.

Ysopete-Zaragoza, 1489

**hic liber confectus est
Madisoni .mcmlxxxv.**